DÉCRET

SUR

LA COMPTABILITÉ DES MATIÈRES

APPARTENANT

AU DÉPARTEMENT DE LA MARINE ET DES COLONIES.

30 NOVEMBRE 1857.

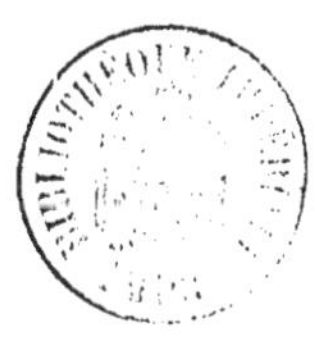

PARIS.

IMPRIMERIE IMPÉRIALE.

1857.

RAPPORT A L'EMPEREUR.

Paris, le 28 novembre 1857.

Sire,

Le décret du 22 septembre 1854, modificatif du règlement du 13 décembre 1845, sur la comptabilité des matières appartenant au département de la marine et des colonies, a réalisé une amélioration importante, par la création d'une comptabilité en valeurs. Les comptes ont acquis une clarté qui leur manquait lorsqu'ils étaient rendus seulement en quantités par groupes d'objets, de formes, de dimensions, de qualités, et, par suite, de prix essentiellement différents. Mais l'expérience a prouvé que le système, tel qu'il a été défini, occasionne un surcroît de travail si considérable, qu'il ne saurait être appliqué, dans les deux grands services *Approvisionnements généraux de la flotte* et *Travaux hydrauliques*, sans que le nombre des employés subalternes du corps des comptables, et par suite la dépense, fussent augmentés dans une forte proportion.

Or, j'ai acquis la certitude qu'il serait possible de conserver les avantages obtenus par le compte en valeurs, en modifiant quelques prescriptions du règlement en vigueur et en changeant la nature ou la forme de certaines pièces justificatives à produire à la cour des comptes, et de faciliter encore l'exercice du contrôle qu'elle doit exercer sur tous les actes des comptables.

Le projet de décret ci-joint, résultat d'une étude approfondie, est destiné à remplacer le règlement du 13 décembre 1845 et les actes postérieurs par lesquels ce règlement a été successivement modifié; il a été communiqué au conseil d'amirauté et, conformément à l'article 15 de l'ordonnance du 26 août 1844, au ministre des finances.

Leur complète adhésion me donne l'assurance, Sire, que, si Votre Majesté veut bien approuver cet acte et le revêtir de sa signature, les simplifications édictées permettront de compter en valeurs, dès le 1ᵉʳ janvier 1858, sans accroissement du personnel ni de la dépense, dans tous les services du département qui m'est confié.

Je suis, avec le plus profond respect,

Sire,

De Votre Majesté

Le très-humble et très-obéissant serviteur.

L'Amiral Ministre Secrétaire d'État de la marine et des colonies,

Signé HAMELIN.

DÉCRET

SUR

LA COMPTABILITÉ DES MATIÈRES

APPARTENANT

AU DÉPARTEMENT DE LA MARINE ET DES COLONIES.

(Exécution de l'article 15 de l'ordonnance du 26 août 1844.)

SOMMAIRE DU DÉCRET.

TITRE Iᵉʳ.

Pages.

DISPOSITIONS GÉNÉRALES ET PRÉLIMINAIRES. 3

TITRE II.

DES MATIÈRES DE CONSOMMATION ET DE TRANSFORMATION.

Chap. Iᵉʳ. De la responsabilité des agents ayant charge de matières. . . . 6
—— II. Des mutations de comptables. 10
—— III. Des entrées et des sorties, et de leur justificatio... 11
—— IV. Des recensements et des inventaires. 18
—— V. Du contrôle, ... 21
—— VI. Des livres, des écritures et des comptes. 22

TITRE III.

DES VALEURS MOBILIÈRES OU PERMANENTES. 30

TITRE IV.

DISPOSITIONS SPÉCIALES. 31

DÉCRET

*Portant règlement sur la comptabilité des matières appar-
tenant au département de la marine et des colonies.*

NAPOLÉON, par la grâce de Dieu et la volonté nationale,
EMPEREUR DES FRANÇAIS,

A tous présents et à venir, SALUT.

Vu l'article 14 de la loi du 6 juin 1843, portant règlement du
budget de l'exercice 1840 ;

Vu l'ordonnance du 26 août 1844, portant règlement d'administration publique sur la comptabilité des matières appartenant à
l'État ;

Vu le règlement du 13 décembre 1845, rendu pour l'exécution
de l'ordonnance précitée, en ce qui concerne le département de la
marine et des colonies ;

Vu le décret du 22 septembre 1854, portant modification au règlement du 13 décembre 1845 ;

De l'avis de notre ministre secrétaire d'État au département des
finances, et sur le rapport de notre ministre secrétaire d'État au département de la marine et des colonies,

Le conseil d'amirauté entendu,

AVONS DÉCRÉTÉ et DÉCRÉTONS ce qui suit :

TITRE PREMIER.

DISPOSITIONS GÉNÉRALES ET PRÉLIMINAIRES.

ARTICLE PREMIER.

Le matériel du département de la marine comprend :

1° Les matières, denrées et objets d'approvisionnement destinés soit à la consommation, soit à des transformations déterminées par les besoins des différents services ;

2° Les objets d'art, les bibliothèques, les meubles, les
instruments, les ustensiles et les valeurs permanentes de toute
espèce.

Division du matériel
en deux catégories.

1.

ART. 2.

La comptabilité des matières, denrées et objets de consommation et de transformation, est divisée entre les services et les comptables dont la désignation suit, savoir :

1° Dans les ports militaires,

SERVICES.	COMPTABLES.
Approvisionnements généraux de la flotte....................	
Travaux hydrauliques et bâtiments civils.....................	
Habillement des équipages de la flotte.	
———— des troupes de la marine.	Un garde-magasin général.
Casernement des équipages de la flotte et des troupes de la marine......	
Poudres.....................	
Chauffage, éclairage et fournitures de bureau.....................	
Vivres.......................	Un garde-magasin.
Hôpitaux.....................	Un agent comptable.
Justice maritime...............	
Chiourmes...................	Un agent comptable.

Un garde-magasin particulier, préposé comptable du garde-magasin général, est placé auprès de chacune des directions des constructions navales, des mouvements du port et de l'artillerie. Il est dépositaire des objets confectionnés par les ateliers de la direction, ainsi que de la partie des matières et objets destinée à la consommation immédiate, et provenant de versements partiels opérés au fur et à mesure des besoins du service.

2° Dans les usines, forges, fonderies et autres établissements de la marine situés hors des ports, un garde-magasin est comptable de toutes les parties du matériel de l'établissement.

Ces divers agents sont responsables des matières dont la garde leur est confiée; ils en tiennent le compte en quantités d'après l'unité applicable à chacune d'elles; ils en rendent compte en valeurs, par unités collectives, suivant les divisions et les prix de la nomenclature générale arrêtée par notre ministre de la marine et des colonies.

ART. 3.

Le garde-magasin général centralise la comptabilité des magasins particuliers des directions, et la rattache, sous sa responsabilité, à sa gestion personnelle. Il rend son compte par service.

ART. 4.

Les gardes-magasins particuliers des directions sont responsables et justifient envers le garde-magasin général de toutes leurs opérations à charge et à décharge.

Ils sont directement et personnellement responsables envers l'État de la partie des approvisionnements confiée à leur garde.

Ils sont placés, pour tout ce qui se rattache à la comptabilité, sous la direction supérieure du commissaire général et sous la surveillance immédiate du garde-magasin général.

Ils relèvent des directeurs pour la police intérieure, pour la conservation et l'arrangement du matériel, ainsi que pour le choix des objets à délivrer.

ART. 5.

Toute gestion de matériel oblige celui qui en est chargé à fournir un cautionnement dont la quotité et la nature sont déterminées par notre ministre de la marine et des colonies. Toutefois les officiers et employés des divers corps de la marine qui ont été admis dans le personnel des comptables lors de la première formation, et jusqu'au 1ᵉʳ janvier 1853, peuvent, par décision de notre ministre de la marine et des colonies, être dispensés de cette obligation.

Tout comptable qui n'a pas obtenu cette dispense est tenu, sous peine de remplacement, de réaliser son cautionnement dans les six mois qui suivent sa nomination.

(*Article 15 de l'ordonnance du 26 août 1844, articles 22 et 24 du décret du 28 février 1850.*)

ART. 6.

Toute gestion de matériel s'ouvre à la date de l'inventaire

qui a établi la prise en charge par le comptable entrant. Elle se clôt à la date du jour de la remise du service à un successeur.

ART. 7.

Incompatibilités.

Il est interdit aux comptables de matériel de se livrer à aucun commerce ou négoce, et d'occuper aucun autre emploi salarié, soit public, soit privé.

ART. 8.

Autorisation nécessaire pour s'absenter.

Les comptables de matériel ne peuvent s'absenter de leur résidence sans une permission écrite, émanée soit de l'autorité locale, soit du ministre, suivant la nature et la durée de l'absence.

Mandataires.

Tout comptable qui a obtenu l'autorisation de s'absenter doit faire agréer, pour le représenter, une personne munie de sa procuration et choisie dans le personnel du corps auquel il appartient.

ART. 9.

Défense de communiquer, sans autorisation, la situation des magasins.

Tout comptable qui délivre ou communique, sans y être dûment autorisé, un état de situation du matériel placé sous sa garde, ou tout renseignement pouvant en tenir lieu, est passible de la révocation de ses fonctions, sans préjudice des peines plus sévères qu'il aurait encourues suivant la gravité des cas.

TITRE II.

DES MATIÈRES DE CONSOMMATION ET DE TRANSFORMATION.

CHAPITRE PREMIER.

DE LA RESPONSABILITÉ DES AGENTS AYANT CHARGE DE MATIÈRES.

ART. 10.

Responsabilité exclusive des comptables.

L'autorité exercée sur les comptables par les officiers ou fonctionnaires chargés de la direction ou du contrôle, dans la limite déterminée par les règlements, n'atténue en rien la responsabilité qui pèse sur ces comptables en tout ce qui concerne les quantités, la conservation et la distribution des denrées, matières et objets confiés à leur garde.

ART. 11.

Le comptable qui reçoit un ordre dont l'exécution lui semble de nature à engager sa responsabilité, ou une pièce de recette ou de dépense qui ne lui parait pas régulière, est autorisé à faire par écrit un refus motivé.

Si le chef du service requiert qu'il soit passé outre à la délivrance ou à l'exécution de l'ordre donné, le comptable y procède sans délai, et il annexe à la pièce justificative, avec une copie de ses observations, l'acte de réquisition qu'il a reçu.

Le comptable est tenu de faire immédiatement droit aux demandes que le chef de service chargé d'ordonner la délivrance lui adresse sous sa responsabilité, lorsque ces demandes sont faites par écrit et qu'elles sont motivées sur l'urgence.

En cas d'incendie ou d'événement de force majeure, les objets existant en magasin peuvent être mis, sur réquisition verbale, à la disposition de l'autorité qui les réclame.

Dans l'un et l'autre cas, le comptable en informe sans délai le fonctionnaire chargé de la surveillance administrative.

Dans les vingt-quatre heures, le chef de service fait remettre au comptable la pièce régulière de la délivrance, ou, à défaut, la ratification par l'autorité supérieure de la délivrance d'urgence. Cette ratification est annexée à la demande provisoire.

ART. 12.

Les comptables ne doivent, sous leur responsabilité, recevoir, pour le compte de l'État, que des objets admis par des commissions de recette formées suivant les règlements particuliers à chaque service.

ART. 13.

Aucune perte ou avarie n'est admise à la décharge des comptables qu'autant qu'elle provient d'événements de force majeure dûment constatés par procès-verbal, tels que :

Vols à main armée, à force ouverte ou avec effraction :
Vols par disparition de détenteurs du matériel ;
Prise ou destruction par l'ennemi, destruction ou abandon forcé à son approche ;
Incendie ;
Inondation, submersion ;
Écroulement de bâtiment ;
Événements de route par terre et par eau ;
Vice propre de la chose.

ART. 14.

Justification immédiate des cas de force majeure.

Pour être déchargé du montant d'une perte résultant d'événement de force majeure, le comptable est tenu de prouver et de faire constater immédiatement que le fait ne peut être imputé, à aucun titre, ni à lui ni aux agents sous ses ordres.

ART. 15.

Perte par suite du défaut d'entretien des bâtiments.

Aucune perte ou avarie motivée sur le défaut d'entretien des bâtiments servant de magasin, ou de leur mobilier, n'est allouée à la décharge du comptable que sur la preuve de ses réclamations faites en temps utile, près de l'autorité compétente, à l'effet d'obtenir les réparations nécessaires.

ART. 16.

Responsables du matériel en route.

Quel que soit le mode employé pour l'exécution des transports de matériel d'un point sur un autre, aucune quantité de denrée ou de matière, aucun objet appartenant au service, ne peut sortir des mains du comptable expéditeur sans être pris en charge par un tiers qui en devient responsable pendant la durée du mouvement, selon les cas ci-après, savoir :

1° Pour les transports par bâtiments de l'État, le capitaine et l'officier en second sont responsables : en cas de déficit donnant lieu à remboursement, le montant en sera repris sur la solde de ces officiers au prorata des appointements ;

2° Pour les transports exécutés en vertu de marchés, contrats d'affrétements, la responsabilité de l'agent chargé du transport est déterminée par les lois et usages du commerce et par les conventions des parties.

La comptabilité des objets en cours de transport est tenue au ministère de la marine par un comptable d'ordre chargé de suivre les mouvements de matières qui s'effectuent entre les divers comptables des ports et établissements.

ART. 17.

Le comptable expéditeur fait sortie dans ses livres, d'après les bordereaux d'expédition, les lettres de voiture, connaissements, etc. des quantités expédiées. Il demeure responsable des pertes ou avaries qui, à la réception, seraient reconnues provenir de sa négligence.

Responsabilité du comptable expéditeur.

ART. 18.

Dans le cas d'événement de force majeure, qui aurait occasionné la perte ou l'avarie de tout ou partie du matériel en cours d'expédition, le chargé du transport doit sur-le-champ faire constater les faits d'après les lois en vigueur et les règlements du service, sous peine d'être rendu responsable des pertes éprouvées.

Pertes ou avaries par force majeure.

ART. 19.

Lorsque des avaries, pertes, déchets ou déficits ont été mis au compte du chargé du transport, le commissaire général de la marine provoque, devant qui de droit, les recours ou reprises de l'administration, soit pour raison des pertes et déficits, soit pour raison des dépenses faites pour remettre en état les denrées, matières ou effets, et les rendre propres au service.

Déficits imputés aux chargés du transport.

CHAPITRE II.

DES MUTATIONS DE COMPTABLES.

ART. 20.

Remises et reprises
de service.

Dans le cas de mutation de comptable, la remise et la prise du service sont constatées par un procès-verbal dressé, dans les ports, par le commissaire général ou par ses délégués, et dans les établissements situés hors des ports, par l'agent chargé des détails administratifs; ce procès-verbal est signé par les deux agents entrant et sortant.

Lorsque ce procès-verbal est accepté sans réserve par les parties intéressées, il tient lieu d'inventaire et est considéré,

Pour le comptable sortant, comme la constatation de l'existant entre ses mains au moment de la remise du service;

Pour le comptable entrant, comme sa déclaration formelle de prise en charge du matériel dont l'existence est constatée à cette même date par les écritures.

Dans le cas de dissidence entre les deux comptables, il est immédiatement procédé au recensement des magasins et à la formation d'un inventaire.

Les difficultés qui pourraient s'élever entre les deux comptables seront décidées administrativement, dans les formes déterminées par les règlements du service.

ART. 21.

Le comptable
entrant
doit assister
à l'inventaire.

Le comptable sortant a le droit de se faire représenter à l'inventaire par un fondé de pouvoirs; le comptable entrant ne peut user de la même faculté.

ART. 22.

Cas de décès
ou d'empêchement.

En cas de décès, de disparition, de suspension ou d'empêchement d'un comptable responsable, le préfet maritime, dans les ports militaires, ou le chef de service, dans les établissements hors des ports, désigne d'office un comptable intérimaire qui gère pour son compte personnel.

CHAPITRE III.

DES ENTRÉES ET DES SORTIES, ET DE LEUR JUSTIFICATION.

ART. 23.

Toute gestion de matériel donne lieu à des mouvements d'entrée à la charge du comptable, et de sortie à sa décharge.

Mouvements à charge et à décharge.

ART. 24.

Les entrées et les sorties de matières sont de deux natures, savoir :

1° Les entrées et les sorties réelles;
2° Les entrées et les sorties d'ordre.
(*Art. 5 de l'ordonnance du 26 août 1844.*)

Entrées et sorties de deux natures.

ART. 25.

Les entrées et les sorties réelles sont celles qui ont pour effet de modifier l'inventaire des matières appartenant à chacun des services du département de la marine.

Les sorties des matières destinées aux transformations et aux conversions de toute nature sont considérées comme sorties réelles, et les entrées provenant des transformations et des conversions sont considérées comme entrées réelles.

Entrées et sorties réelles.

ART. 26.

Les entrées et les sorties d'ordre embrassent tous les mouvements qui n'affectent pas l'inventaire de chacun des services du département de la marine, et dont l'effet unique est de déplacer la responsabilité sans changer la nature, la quantité ni la valeur des objets auxquels ils s'appliquent.

Entrées et sorties d'ordre.

ART. 27.

Toutes les opérations à charge et à décharge, quelle qu'en soit la nature, sont décrites et résumées dans les écritures et dans les comptes sous les titres ci-après :

Classification des opérations à charge et à décharge.

OPÉRATIONS A CHARGE.

Reprises des existants à la fin de l'année précédente.

Entrées à charge de payement.
- Livraisons par suite d'achats.
- Cessions faites par des services étrangers à la marine.
- ——————— par des services de la marine.
- Remplacements faits par les fournisseurs de denrées reconnues détériorées après leur recette.

Produits de travaux exécutés dans les ateliers ou établissements de la marine, et par des entrepreneurs.
- Produits de transformations, confections, extractions, excavations, manutentions, compositions, mixtures, etc.
- Résidus des denrées et des matières mises en œuvre.
- Produits de réparation de navires, d'édifices et d'accessoires de coque, d'emménagement et d'armement.
- Produits de réparation, d'installation et de démontages d'objets divers en service.

Entrées réelles.

Entrées provenant de services dont la comptabilité est suivie sur inventaire particulier.
- Remises faites par les bâtiments.
- Remises faites par le service des apparaux, machines, ustensiles et outils.
- Remises faites par les hôtels, bureaux et autres établissements.
- Remises faites par les équipages de la flotte et par les corps de troupes de la marine.
- Remises faites par les forts et batteries dépendant de la marine.
- Remises faites par le service des sciences et arts maritimes.
- Remises faites par le dépôt des échantillons et types.
- Reversements de denrées, de matières et d'objets délivrés et non employés pour des expériences ordonnées, ainsi que des produits et des résidus provenant de denrées et de matières employées à ces expériences.
- Envois faits par les dépôts établis hors du territoire continental.
- Réintégration dans les magasins de matières et d'objets prêtés.

Produits divers dont la valeur vient en atténuation des frais généraux.
- Réintégration dans les magasins de denrées, de matières, d'objets et d'effets, nlevés en fraude et saisis.
- Réintégration dans les magasins de matières et d'objets recueillis dans l'enceinte de l'arsenal.
- Sauvetages.
- Produits de démolition de navires et d'édifices.
- Recettes des denrées et des matières employées aux épreuves des livraisons faites par les fournisseurs et rebutées ; produits et résidus des denrées et des matières employées aux épreuves.

Entrées réelles.

- **Produits divers dont la valeur vient en atténuation des frais généraux.**
  - Produits de réparations d'objets en approvisionnement.
  - Entrées d'objets dont le classement a été changé par suite de réparations ou de modifications.
  - Entrées de matières, d'objets et d'effets déclassés, et de produits de démolition de matières, d'objets et d'effets en approvisionnement.
  - Excédants constatés par recensement.
  - Changements de classification.
  - Rectification d'évaluation.

Entrées d'ordre.

- **Mouvements de comptable à comptable du même service.**
  - Envois faits par les magasins de Paris, par les autres ports, par les établissements situés hors des ports, par les poudreries et par les manufactures d'armes du département de la guerre; et envois directs, par les fournisseurs, d'objets dont la recette doit avoir lieu dans le port et la liquidation à Paris.

- **Mouvements intérieurs.**
  - Mouvements réciproques, dans le même service, entre le comptable et ses préposés comptables, et mouvements entre ces préposés comptables eux-mêmes.
  - Reprises de service par suite de mutations de comptables.

OPÉRATIONS A DÉCHARGE.

Sorties réelles.

- **Sorties à charge de remboursement.**
  - Cessions faites à des services étrangers à la marine.
  - ———————— à des particuliers.
  - ———————— à des services de la marine.
  - Pertes et déficits mis à la charge des comptables et autres agents.
  - Remises aux fournisseurs, à charge de remboursement ou de remplacement, de denrées reconnues détériorées après leur recette.

- **Emploi aux travaux.**
  - Constructions, transformations, confections, réparations, etc.

- **Délivrances à des services dont la comptabilité est suivie sur inventaire particulier.**
  - Délivrances faites aux bâtiments.
  - ———————— au service des apparaux, machines, ustensiles et outils.
  - Délivrances faites aux hôtels, bureaux et autres établissements.
  - Délivrances faites aux équipages de la flotte et aux corps de troupes de la marine.
  - Délivrances faites aux forts et batteries dépendant de la marine.
  - Délivrances faites au service des sciences et arts maritimes.
  - Délivrances faites au dépôt des échantillons et types.

Sorties réelles.
- Délivrances à des services dont la comptabilité est suivie sur inventaire particulier.
  - Délivrances de denrées, de matières et d'objets destinés aux expériences ordonnées.
  - Envois faits à des dépôts établis hors du territoire continental.
  - Prêts.
- Sorties imputables aux frais généraux.
  - Pertes par force majeure.
  - Consommations pour le service intérieur des magasins ou établissements, des postes, ambulances, infirmeries, etc.
  - Consommations pour épreuves.
  - Déchets de magasin.
  - Déchets par suite de réparations.
  - Sorties d'objets dont le classement a été changé par suite de réparations ou de modifications.
  - Sorties d'objets, d'effets, de denrées et de matières, détruits, démolis ou déclassés.
  - Remises aux domaines de denrées, de matières, d'objets et d'effets destinés à être vendus.
  - Déficits admis en compte.
  - Changements de classification.
  - Rectification d'évaluation.

Sorties d'ordre.
- Mouvements de comptable à comptable du même service.
  - Envois aux magasins de Paris, aux autres ports, aux établissements situés hors des ports, aux poudreries et aux manufactures d'armes du département de la guerre.
- Mouvements intérieurs.
  - Mouvements réciproques, dans le même service, entre le comptable et ses préposés comptables, et mouvements entre ces préposés comptables eux-mêmes.
  - Remises de service par suite de mutations de comptables.

Existant en magasin, en fin d'année, reporté à l'année suivante.

ART. 28.

Pièces justificatives des opérations à charge et à décharge.

Toute opération d'entrée, de transformation, de consommation ou de sortie de matières, pour être admise dans les comptes individuels, doit être appuyée de pièces établissant régulièrement la prise en charge, ou la décharge du comptable.

Ces pièces, ainsi que les formalités dont elles doivent être revêtues, sont déterminées par nature de service, suivant les bases générales de la nomenclature annexée au présent décret,

et conformément aux dispositions des articles 29 à 39 ci-après,
savoir :

Entrées réelles et entrées d'ordre...	Inventaires, procès-verbaux ou récépissés, avec certificats de prise en charge par le comptable; factures d'expédition, connaissements ou lettres de voiture.
Sorties réelles et sorties d'ordre.....	Ordres en vertu desquels les sorties ont eu lieu, factures d'expédition, procès-verbaux, récépissés; certificats administratifs tenant lieu de récépissés.
Transformations et fabrications, détériorations, déchets ou excédants.	Procès-verbaux constatant les résultats de l'opération; certificats administratifs tenant lieu de procès-verbaux.

(Article 5 de l'ordonnance du 26 août 1844.)

ART. 29.

Toutes les entrées de denrées, matières et effets provenant
d'achats, de cessions, de remises, etc. sont constatées, suivant
les règles qui régissent chaque service, par des procès-verbaux,
certificats, etc. énonçant la prise en charge du comptable, et
revêtus de l'ordre de recette émané du chef de service compétent.

Constatation des entrées.

ART. 30.

Tous les faits de fabrication et de transformation sont constatés administrativement, d'après les dispositions réglementaires applicables aux divers services. Il en est rendu compte au
ministre, qui statue en dernier ressort sur les résultats qu'ils
ont produits, et sur leurs effets quant à la responsabilité respective des directeurs des travaux.

Des fabrications et des transformations.

(Article 5 de l'ordonnance du 26 août 1844.)

ART. 31.

Les distributions en nature, ainsi que les consommations de
matières de toute espèce, ne peuvent être autorisées que par
le ministre ou par ses délégués; elles sont l'objet de justifications spéciales déterminées par les règlements de service.

Distributions et consommations.

ART. 32.

Les fonctionnaires chargés, sous leur responsabilité, et dans les limites fixées par les règlements de service, de diriger les transformations et les fabrications, et d'en rendre compte, ainsi que d'ordonner les délivrances à faire aux services consommateurs, sont :

1° Dans les ports militaires,

Service des approvisionnements généraux de la flotte.			Le directeur des constructions navales. Le directeur des mouvements du port. Le directeur d'artillerie.
Service des travaux hydrauliques et bâtiments civils.			Le directeur.
Service de l'habillement des équipages de la flotte.			
Service de l'habillement des troupes de la marine.			
Service du casernement des équipages de la flotte et des troupes de la marine.			Le commissaire aux approvisionnements.
Service du chauffage, de l'éclairage et des fournitures de bureau.			
Service des vivres....		Transformations.	Le chef de manutention.
		Délivrances...	Le commissaire des subsistances.
Service des hôpitaux.	Drogues et médicaments	Compositions, mixtures, transformations.	Le 1er pharmacien en chef.
		Délivrances..	Le directeur du service de santé ou le commissaire des hôpitaux.
	Matières et objets divers.	Transformations et confections.	L'officier du commissariat chargé de la surveillance des transformations et confections.
		Délivrances...	Le commissaire des hôpitaux.
Service de la justice maritime......			Le commissaire des hôpitaux.
Service des chiourmes		Transformations.	L'officier du commissariat chargé de la surveillance des transformations.
		Délivrances...	Le commissaire des chiourmes.

2° Dans les établissements situés hors des ports,

Le sous-directeur.

ART. 33.

Les états de transformation et d'application de matières sont visés et vérifiés :

<table>
<tr><td>Dans les directions des constructions navales, des mouvements du port, de l'artillerie et des travaux hydrauliques.</td><td>Par le commissaire des travaux.</td></tr>
<tr><td>Dans le service des vivres..........</td><td>Par le commissaire des subsistances.</td></tr>
<tr><td>Dans le service des hôpitaux........</td><td>Par le commissaire des hôpitaux.</td></tr>
<tr><td>Dans le service des chiourmes......</td><td>Par le commissaire des chiourmes.</td></tr>
<tr><td>Dans les établissements situés hors des ports.</td><td>Par l'agent chargé des détails administratifs.</td></tr>
</table>

Vérification des états d'emploi de matières aux travaux.

ART. 34.

Les confections d'effets d'habillement pour le service des équipages de la flotte et des corps de troupes de la marine ont lieu par les soins et sous la responsabilité des conseils d'administration de ces corps, suivant les formes et avec les garanties déterminées par les règlements de service.

Transformations dans le service de l'habillement.

ART. 35.

Les denrées, matières et objets avariés hors de service, et non susceptibles d'être utilisés et réemployés par conversion ou transformation, sont, en vertu des ordres de l'autorité supérieure, remis aux préposés du domaine pour être vendus au profit de l'État.

Vente des objets inutiles au service.

ART. 36.

Les sorties pour cause de destruction de denrées ou d'objets de matériel hors de service sont justifiées par des procès-verbaux dressés par l'autorité compétente, et revêtus de l'approbation du ministre.

Cas de destruction d'objets hors de service.

ART. 37.

Dans tous les cas où des circonstances de force majeure n'auront pas permis à un comptable de remplir les formalités prescrites par le présent titre, il y sera suppléé au moyen de procès-verbaux ou de certificats en due forme. Toutefois, une décision

Moyens de suppléer aux justifications prescrites, en cas d'impossibilité dûment constatée.

du ministre sera nécessaire pour opérer complétement la décharge de la responsabilité du comptable.
(*Art. 6 de l'ordonnance du 26 août 1844.*)

ART. 38.

Évaluation
des
pièces justificatives.

Les pièces à produire à l'appui des relevés trimestriels et des
comptes, conformément aux dispositions de l'ordonnance du
26 août 1844 et du présent décret, portent évaluation des matières et des objets dont elles constatent l'entrée ou la sortie.

ART. 39.

Emploi
des
pièces justificatives.

Les pièces justificatives établies comme il est dit aux articles 2
et 38 servent à tenir, dans les écritures intérieures, le compte en
quantités pour chaque espèce de matières et d'objets, et à former
le compte en valeurs à rendre en exécution des prescriptions de
l'article 2 précité.

CHAPITRE IV.

DES RECENSEMENTS ET DES INVENTAIRES.

ART. 40.

Inventaire
au 31 décembre.

Au 31 décembre de chaque année, il est procédé au recensement des matières, denrées et objets de toute nature existant
dans les magasins, arsenaux et établissements maritimes. L'inventaire, dressé par les soins de l'officier du commissariat ou
de l'agent du service administratif dans les établissements hors
des ports, qui a opéré le recensement, forme le premier article
du compte de l'année suivante. Cet inventaire présente la valeur en numéraire du matériel existant en magasin, d'après les
prix officiels des nomenclatures arrêtées pour chaque service
par notre ministre de la marine et des colonies.

ART. 41.

Objets
non susceptibles
d'être recensés
annuellement.

Dans les dépôts où certains objets ne peuvent pas, à raison
de leur nature, de leur situation ou de la longueur des opérations, être soumis à des recensements annuels, les existants, en

fin d'année et à chaque changement de gestion, peuvent, pour
cette portion du matériel, être établis par des certificats administratifs qui tiennent lieu d'inventaires de reconnaissance, et
sont admis, à ce titre, à la décharge du comptable. Ces certificats énoncent, ainsi qu'il est prescrit à l'article précédent, l'évaluation en numéraire des quantités existantes.

(*Art. 7 de l'ordonnance du 26 août 1844.*)

ART. 42.

Pour les magasins où l'accumulation des matières ne permet
pas de faire un recensement général en fin d'année, il est procédé pendant tout le cours de l'année à des recensements partiels dirigés de telle sorte que, sauf les exceptions autorisées par
une décision de notre ministre de la marine et des colonies,
une même espèce de matières ou d'objets ne reste pas plus de
deux ans sans avoir été recensée.

ART. 43.

Au 31 décembre de chaque année, il est dressé un inventaire spécial des denrées, matières et objets en cours de transformation.

Ce document est adressé au ministre, et les résultats qu'il
présente sont ajoutés, à titre de renseignement, à l'existant de
chacun des services du département de la marine.

ART. 44.

Indépendamment du recensement général prescrit par l'article 40, il peut être procédé à des recensements partiels et
inopinés, d'après les ordres de notre ministre de la marine et
des colonies ou des fonctionnaires chargés de la surveillance
administrative dans l'ordre de la comptabilité, ou sur la réquisition de l'inspecteur.

ART. 45.

L'officier du commissariat ou l'agent du service administratif
chargé de procéder à un recensement arrête, *ne varietur,* avant
toute opération, le journal du comptable, et établit, d'après

3.

les écritures, la situation des magasins au moment de l'opération.

ART. 46.

Excédants en magasin.

S'il résulte du recensement qu'il existe dans un magasin des quantités supérieures à celles qui doivent s'y trouver d'après les écritures, le comptable est tenu d'en prendre charge, sauf décision ultérieure de notre ministre de la marine et des colonies.

ART. 47.

Déficits.

Si les quantités trouvées en magasin sont inférieures à celles qui doivent y exister, le procès-verbal de recensement constate les quantités manquantes. Notre ministre de la marine et des colonies décide, sur le rapport de l'autorité compétente, si le déficit doit être mis à la charge du comptable, sans préjudice des peines que ce comptable pourrait avoir encourues.

ART. 48.

Matières impropres au service, remises au domaine.

Toutes les denrées et matières reconnues impropres au service, et non susceptibles d'être utilisées et réemployées par conversion ou transformation, sont, en vertu des ordres de l'autorité supérieure, remises aux préposés du domaine pour être vendues au profit de l'État. Ces remises sont constatées et justifiées dans les formes déterminées par les articles 179, 180, 181 et 182 du règlement du 31 octobre 1840, pour servir à l'exécution, en ce qui concerne le département de la marine et des colonies, de l'ordonnance du 31 mai 1838, sur la comptabilité publique.

ART. 49.

Classement des matières dans les magasins.

Les denrées, matières et objets confectionnés, placés dans les magasins et établissements, doivent toujours être rangés dans un ordre tel, que la vérification de leur quantité et de leur qualité puisse facilement s'opérer.

CHAPITRE V.

DU CONTRÔLE.

ART. 5o.

La gestion des comptables des matières de consommation ou de transformation est soumise à trois contrôles successifs, dans l'ordre déterminé ci-après :

1er degré, contrôle local ;

2e degré, contrôle central ;

3e degré, contrôle extérieur de la cour des comptes.

ART. 51.

Le contrôle local s'exerce d'une manière permanente et sur place, en conformité des prescriptions des règlements de service, par les officiers du corps de l'inspection, institué par le décret du 12 janvier 1853.

Il est indépendant des attributions de contrôle conférées aux officiers et fonctionnaires chargés de la direction supérieure ou de la surveillance administrative de chaque service, et des vérifications que le garde-magasin général exerce, dans les ports militaires, sur les comptes des gardes-magasins particuliers des directions.

Les écritures des comptables de matières, tenues en conformité du chapitre VI ci-après, sont vérifiées, au moins une fois dans le cours de chaque trimestre, par l'autorité chargée de la surveillance administrative dans l'ordre de la comptabilité. Cette vérification est constatée par l'arrêté du journal.

Les inspecteurs généraux d'armes, les fonctionnaires chargés accidentellement de l'inspection générale des services administratifs, les officiers du corps de l'inspection, les fonctionnaires du corps du commissariat, peuvent toujours se faire représenter les livres de chaque comptable. Ils constatent, par leur visa, les vérifications extraordinaires auxquelles ils ont cru devoir se livrer.

ART. 52.

Le contrôle central s'opère au ministère de la marine, dans

les formes et d'après les règles déterminées par notre ministre de la marine et des colonies. Il a pour base les comptes et les pièces justificatives dont la production est prescrite par les articles 65 et 67 ci-après.

Notre ministre de la marine et des colonies se réserve, en outre, de se faire adresser une copie ou un extrait authentique des livres tenus par les comptables, toutes les fois qu'il le juge nécessaire à l'exercice du contrôle central.

ART. 53.

Contrôle extérieur
de la Cour
des comptes.

Le contrôle extérieur attribué à la Cour des comptes par l'article 14 de la loi du 6 juin 1843 s'exerce suivant les formes déterminées par les articles 359 à 367 de l'ordonnance du 31 mai 1838.

(Article 10 de l'ordonnance du 26 août 1844.)

CHAPITRE VI.

DES LIVRES, DES ÉCRITURES ET DES COMPTES.

ART. 54.

Mode
de comptabilité
des matières
de consommation
ou
de transformation.

La comptabilité des matières, denrées et objets de consommation et de transformation, s'établit par des écritures journalières et des comptes périodiques, appuyés de pièces justificatives.

(Article 1er de l'ordonnance du 26 août 1844.)

ART. 55.

Écritures
des comptables
tenues dans l'ordre
de la nomenclature.

Tout comptable de matériel est tenu d'inscrire, sur ses livres de comptabilité, l'entrée, la sortie, les transformations, consommations, détériorations, pertes, déchets et manquants, ainsi que les excédants de toutes les matières confiées à sa garde.

Les matières, denrées et effets doivent toujours être classés dans les écritures conformément à l'ordre établi par la nomenclature générale arrêtée par notre ministre de la marine et des colonies, savoir :

1ʳᵉ partie. Service de l'habillement des équipages de la flotte.
2ᵉ ——— Service de l'habillement des troupes de la marine.
3ᵉ ——— Service du casernement des équipages de la flotte et des troupes de la marine.
4ᵉ ——— Service des hôpitaux.
5ᵉ ——— Service des vivres.
6ᵉ ——— Service de la justice maritime.
7ᵉ ——— Service des approvisionnements généraux de la flotte.
8ᵉ ——— Service des travaux hydrauliques et bâtiments civils.
9ᵉ ——— Service des poudres.
10ᵉ ——— Service des chiourmes.
11ᵉ ——— Service du chauffage, de l'éclairage et des fournitures de bureau.
12ᵉ Comptabilité d'ordre tenue au ministère de la marine et des colonies.

(Articles 3 et 4 de l'ordonnance du 26 août 1844.)

ART. 56.

Il est tenu par chaque comptable et pour chacun des services qui lui sont confiés :

1° Des livres-journaux en quantités, par unités simples, destinés à l'inscription, jour par jour, de tous les mouvements d'entrée et de sortie qui s'opèrent dans les sections et dépôts dépendant du magasin ou de l'établissement dont la gestion lui est confiée ;

2° Un livre-journal central, en valeurs, destiné à l'inscription du montant de toutes les pièces justificatives des entrées et des sorties qui ont été opérées dans ledit magasin ou établissement ;

3° Des livres-balances, sur lesquels la situation des sections et dépôts est suivie, jour par jour, en quantités par unités simples ;

4° Un grand-livre en valeurs, où sont reportées, jour par jour, au compte spécialement ouvert à chaque unité collective de la nomenclature, les écritures successivement passées au livre-journal en valeurs ;

5° Des livres auxiliaires dont la forme et le nombre varient suivant la nature et les nécessités du service.

ART. 57.

Les livres-journaux sont cotés et parafés par le fonctionnaire chargé de la surveillance administrative dans les ports militaires et dans les établissement situés hors des ports.

ART. 58.

Renouvellement
les livres journaux
et des
livres auxiliaires.

Les livres journaux et les livres auxiliaires sont renouvelés chaque année ou à chaque mutation de comptable, à moins que notre ministre de la marine et des colonies n'en ait autrement ordonné.

ART. 59.

Libellé
des écritures.

Le libellé des articles inscrits doit être clair et précis, sans surcharges ni interlignes; les grattages sont formellement interdits; les ratures ne sont autorisées que dans le cas d'erreur matérielle; elles doivent être faites de manière à ce que les mots rayés soient parfaitement lisibles. Elles seront toujours parafées.

Lorsqu'il y a lieu de rectifier une inscription, le redressement s'opère par un nouvel article mentionnant le motif de la rectification.

ART. 60.

Écritures par espèce
de matières
et d'objets.

Les écritures sont libellées de manière à faciliter la classification des faits de gestion par espèce de matières ou d'objets, en observant exactement l'ordre de classification adopté par la nomenclature spéciale de chaque service.

Objets groupés
par collection.

Néanmoins, les matières et objets qui, par leur nature ou leur peu de valeur, sont susceptibles d'être réunis, peuvent être groupés par collections formant autant d'unités, en suivant toujours la classification de la nomenclature.

(*Article 4 de l'ordonnance du 26 août 1844.*)

ART. 61.

Clôture
des écritures.

Toutes les écritures des comptables en matières sont closes et arrêtées au 31 décembre de chaque année, et le résultat de la balance entre les entrées et les sorties est reporté, comme premier article des opérations, à la charge de la gestion suivante.

Les écritures d'une gestion une fois closes, il ne peut y être fait aucune modification. Les rectifications à charge ou à décharge s'opèrent dans les écritures de la gestion courante.

ART. 62.

Toute gestion de matières est soumise, de même que tous les comptes qui en dérivent, à la période annale, et comprend en conséquence tous les faits accomplis depuis le 1ᵉʳ janvier jusqu'au 31 décembre, ou jusqu'au jour inclus où la gestion du comptable a pris fin.

Période annale.

ART. 63.

Dans le courant du mois qui suit l'expiration de chaque trimestre, les comptables établissent, d'après leurs livres, en observant l'ordre de la nomenclature adoptée pour le service, des relevés présentant, par nature d'entrée et de sortie, et pour chaque espèce de matières, distincte ou collective, toutes leurs opérations à charge ou à décharge.

Relevés trimestriels des entrées et des sorties.

(*Article 4 de l'ordonnance du 26 août 1844.*)

ART. 64.

Les relevés trimestriels dressés par les gardes-magasins particuliers des directions, en conformité de l'article précédent, sont remis par eux, avec toutes les pièces justificatives, au garde-magasin général.

Remises des relevés dressés par les préposés comptables.

Le garde-magasin général, après vérification desdits relevés, inscrit les résultats sommaires de chacun d'eux, au compte en valeurs ouvert, par nature d'unité, sur un grand-livre récapitulatif.

Les relevés des opérations des gardes-magasins particuliers des directions demeurent annexés, avec les pièces justificatives, aux relevés récapitulatifs en valeurs dressés par le garde-magasin général, lesquels présentent pour chaque espèce d'unité de matières, la généralité des opérations d'entrée et de sortie appartenant, soit à la gestion personnelle du garde-magasin général, soit à celle des gardes-magasins particuliers des directions.

ART. 65.

Les relevés trimestriels, dûment vérifiés par l'autorité chargée de la surveillance administrative dans l'ordre de la comptabilité,

Époque de l'envoi des relevés trimestriels et des pièces justificatives.

4

doivent parvenir à notre ministre de la marine et des colonies par la voie hiérarchique, avec toutes les pièces justificatives à l'appui, dans les quinze premiers jours du troisième mois qui suit le trimestre expiré.

(*Article 4 de l'ordonnance du 26 août 1844.*)

ART. 66.

Compte de gestion.

Dans le premier mois de l'année, chaque comptable établit le compte de sa gestion, présentant, pour l'année précédente, l'ensemble de ses opérations à charge et à décharge, et faisant ressortir, pour chaque espèce d'unité de matières, distincte ou collective, les valeurs des quantités restant en magasin au 31 décembre, et dont il demeure responsable dans les limites fixées par les articles 2 et 4.

(*Article 4 de l'ordonnance du 26 août 1844.*)

ART. 67.

Époque de l'envoi des comptes de gestion.

Les comptes de gestion, dûment vérifiés et arrêtés par l'autorité chargée de la surveillance administrative dans l'ordre de la comptabilité, doivent être adressés à notre ministre de la marine et des colonies, par la voie hiérarchique, dans le courant du quatrième mois de chaque année pour l'année précédente.

Ces comptes sont appuyés de l'inventaire établi en exécution de l'article 40 du présent décret.

(*Article 4 de l'ordonnance du 26 août 1844.*)

ART. 68.

Gestion terminée avant le 31 décembre.

Le comptable dont les fonctions ont cessé pendant le cours de l'année est tenu de produire son compte dans les trois mois qui suivent l'époque de la remise de son service. Ce compte est dressé dans la forme prescrite par l'article 67.

ART. 69.

Vérification des relevés trimestriels et inscription

A l'arrivée au ministère de la marine des relevés trimestriels dont la production est prescrite par l'article 65 ci-dessus, il est procédé à leur vérification au moyen des pièces justificatives dont ils sont accompagnés, et les résultats en sont successivement décrits dans un grand-livre résumant, par service et par comptable, les opérations d'entrées et de sorties.

La balance des entrées et des sorties ainsi décrites fait ressortir, pour chaque nature de matières, les valeurs des quantités existant en magasin à la fin de l'année, et dont chaque comptable devra prendre charge dans son compte de l'année suivante.

Ces écritures servent à contrôler les comptes individuels de gestion produits en fin d'année.

(Article 8 de l'ordonnance du 26 août 1844.)

ART. 70.

Tous les faits relatés dans les comptes de gestion, après avoir été contrôlés, sont sommairement reportés dans des résumés généraux en valeurs, par branche de service.

Ces résumés présentent pour chaque espèce d'unité de matières, distincte ou collective, la généralité des opérations à charge et à décharge qui ont eu lieu pendant l'année, ainsi que les valeurs des existants en magasin dont les comptables demeurent responsables.

(Article 8 de l'ordonnance du 26 août 1844.)

ART. 71.

Les comptes individuels de gestion sont transmis par notre ministre de la marine et des colonies à la cour des comptes, appuyés de toutes les pièces justificatives des entrées et des sorties, au fur et à mesure de leur vérification par les bureaux de l'administration centrale.

Une expédition des résumés généraux par branche de service est adressée à la même cour immédiatement après l'envoi de tous les comptes individuels.

(Article 9 de l'ordonnance du 26 août 1844.)

ART. 72.

Le compte général du matériel, établi d'après les résumés

mentionnés à l'article 70 ci-dessus, et les pièces justificatives qui lui servent de base, est imprimé et distribué aux assemblées législatives, dans les deux premiers mois de la seconde année qui suit celle de la gestion à laquelle il se rapporte.

(*Article 8 de l'ordonnance du 26 août 1844.*)

ART. 73.

Comptes généraux soumis à l'examen de la commission annuelle des comptes des ministres.

Les comptes généraux du matériel sont soumis à l'examen de la commission instituée annuellement, en vertu de l'article 164 de l'ordonnance du 31 mai 1838, portant règlement général sur la comptabilité publique.

(*Article 13 de l'ordonnance du 26 août 1844.*)

ART. 74.

Communication à chaque comptable de la déclaration de la cour des comptes.

A la réception de la déclaration prononcée par la cour des comptes sur chaque compte individuel, notre ministre de la marine et des colonies en donne communication au comptable, et provoque de sa part, s'il y a lieu, les observations ou justifications nouvelles que ladite déclaration pourrait rendre nécessaires.

(*Article 10 de l'ordonnance du 26 août 1844.*)

ART. 75.

Délai pour produire de nouvelles justifications.

Il est accordé aux comptables un délai de trois mois, à dater du jour de la réception de la communication mentionnée en l'article précédent, pour adresser à notre ministre de la marine et des colonies les justifications réclamées, ou les observations dont la déclaration de la cour des comptes leur paraîtrait susceptible.

ART. 76.

Arrêté définitif des comptes de gestion.

Sur le vu des observations ou des nouvelles justifications produites par les comptables dans le délai fixé par l'article précédent, notre ministre de la marine et des colonies statue et arrête définitivement leurs comptes.

(*Article 10 de l'ordonnance du 26 août 1844.*)

ART. 77.

A défaut de réclamation en temps utile, c'est-à-dire dans le délai de trois mois fixé par l'article 75 ci-dessus, notre ministre de la marine et des colonies statue d'office et arrête définitivement les résultats de la gestion du comptable.

(Article 10 de l'ordonnance du 26 août 1844.)

ART. 78.

Sauf le cas d'erreur matérielle, les décisions rendues par notre ministre de la marine et des colonies et régulièrement notifiées ne peuvent être attaquées que dans la forme et les délais déterminés par le décret du 22 juillet 1806.

Les réclamations ayant pour objet le redressement d'erreurs matérielles sont admissibles dans les délais fixés par les articles 9 et 10 de la loi du 29 janvier 1831.

ART. 79.

Chaque année ou en fin de chaque gestion, notre ministre de la marine et des colonies notifie à chacun des comptables l'arrêté définitif de la balance générale de ses opérations à charge et à décharge.

Si cette balance est la même que celle du compte produit par le comptable, la notification ministérielle de cette identité équivaut à une déclaration de quitus.

Si la balance diffère de celle du compte produit, notre ministre de la marine et des colonies prescrit les mesures nécessaires pour le payement des quantités manquantes, et le comptable n'obtient son quitus que lorsqu'il a justifié avoir satisfait au remboursement de la valeur des objets.

ART. 80.

Immédiatement après l'arrêté définitif de tous les comptes de chaque année, notre ministre de la marine et des colonies transmet à la Cour des comptes un résumé faisant connaître la suite qui a été donnée à ses déclarations, et les redressements que leur prise en considération motivera dans les comptes de la gestion suivante.

TITRE III.

DES VALEURS MOBILIÈRES OU PERMANENTES.

ART. 81.

Nature des valeurs mobilières ou permanentes.

La comptabilité des valeurs mobilières ou permanentes embrasse les mobiliers de l'État garnissant les hôtels, pavillons, casernes, quartiers, chapelles, hôpitaux et autres établissements maritimes; les machines, engins, outils et ustensiles d'exploitation; les gabarits, modèles et types; les bibliothèques, archives, musées, cabinets et laboratoires; les dépôts de cartes et d'imprimés; les objets d'art et de science.

ART. 82.

Conservation des valeurs mobilières ou permanentes.

Les détenteurs, à quelque titre que ce soit, de valeurs mobilières ou permanentes, sont tenus de les représenter en bon état, sauf les détériorations résultant du dépérissement naturel.

ART. 83.

Écritures à tenir.

Ils doivent passer écriture, dans les formes déterminées par notre ministre de la marine et des colonies, suivant la nature du service (1), de toutes les augmentations et diminutions successivement apportées au matériel dont ils sont responsables, et tenir constamment à la disposition de l'inspecteur et de l'autorité chargée de la surveillance administrative, dans l'ordre de la comptabilité, les pièces justificatives destinées à constater ces modifications.

ART. 84.

Responsabilité en cas de perte ou d'accident.

Ils sont responsables des pertes dont ils ne justifieraient pas,

---

(1) La comptabilité du mobilier en service dans les habitations affectées aux préfets maritimes, au chef du service de la marine dans les sous-arrondissements et aux directeurs des établissements situés hors des ports, est réglée par l'ordonnance du 21 décembre 1844 et par le règlement du 23 décembre 1845, rendu en exécution de l'article 4 de ladite ordonnance.

ainsi que des accidents qui seraient reconnus provenir de leur fait, ou qu'ils auraient pu prévenir ou empêcher.

ART. 85.

La comptabilité des valeurs mobilières ou permanentes n'est soumise qu'aux deux premiers degrés de contrôle déterminés par l'article 5o du présent décret.

Contrôle de la comptabilité des valeurs mobilières ou permanentes.

ART. 86.

A la fin de chaque année, il est procédé à l'inventaire des valeurs mobilières ou permanentes. Il est adressé à notre ministre de la marine et des colonies un relevé sommaire de ces valeurs, indiquant l'existant au 1er janvier, les augmentations et les diminutions survenues pendant le cours de l'année, et le restant au 31 décembre.

Le montant de ces relevés récapitulés par service dans les bureaux de l'administration centrale est ajouté à titre de renseignements au montant du compte général du matériel de chaque année.

Centralisation des inventaires des valeurs mobilières ou permanentes.

ART. 87.

Hors les dispositions spéciales déterminées par les articles 81 à 86 qui précèdent, la comptabilité des valeurs mobilières ou permanentes est régie d'après les principes posés dans le titre II du présent décret.

Cas où les dispositions du titre II sont applicables aux valeurs mobilières ou permanentes.

TITRE IV.

DISPOSITIONS SPÉCIALES.

ART. 88.

Le présent décret n'est point applicable au matériel de la marine déposé hors du territoire continental, ni au matériel en service à bord des bâtiments. La comptabilité de ces matériels fait l'objet de dispositions spéciales.

Comptabilité des matières déposées hors du territoire continental et en service à bord des bâtiments, soumise à des dispositions spéciales.

ART. 89.

Abrogation
des dispositions
antérieures.

Sont abrogés le règlement du 13 décembre 1845, le décret du 22 septembre 1854, ainsi que toutes les dispositions des ordonnances, décrets, arrêtés et règlements qui sont contraires à celles du présent décret.

ART. 90.

Exécution du décret.

Nos ministres secrétaires d'État de la marine et des finances sont chargés, chacun en ce qui le concerne, de l'exécution du présent décret, qui sera inséré au *Bulletin des lois,* pour avoir son effet à partir du 1ᵉʳ janvier 1858.

Fait au palais des Tuileries, le 30 novembre 1857.

Signé NAPOLÉON.

Par l'Empereur :

L'Amiral Ministre Secrétaire d'État de la marine et des colonies,

Signé **HAMELIN**.

MINISTÈRE DE LA MARINE ET DES COLONIES.

ANNEXE DU DÉCRET DU 30 NOVEMBRE 1857.

NOMENCLATURE GÉNÉRALE

Des pièces à produire par les comptables de matières du département de la marine et des colonies, à l'appui de leurs comptes de gestion, pour la justification de leurs opérations à charge ou à décharge, faisant suite au décret du 30 novembre 1857, rendu en exécution de l'article 15 de l'ordonnance du 26 août 1844, sur la comptabilité des matières appartenant à l'État.

SOMMAIRE

*De la nomenclature générale des pièces à produire
par les comptables.*

	Pages.
1° Service de l'habillement des équipages de la flotte	36
2° Service de l'habillement des troupes de la marine.	42
3° Service du casernement des équipages de la flotte et des troupes de la marine. (Lits militaires.)	48
4° Service des hôpitaux	54
5° Service des vivres	62
6° Service de la justice maritime	70
7° Service des approvisionnements généraux de la flotte et des travaux hydrauliques et bâtiments civils (1re partie. Arsenaux)	74
8° Service des approvisionnements généraux de la flotte et des travaux hydrauliques et bâtiments civils (2° partie. Indret, forges et fonderies)	84
9° Service des poudres	92
10° Service des chiourmes	96
11° Service du chauffage, de l'éclairage et des fournitures de bureau.	102
12° Comptabilité d'ordre tenue au ministère de la marine et des colonies	108

DÉSIGNATION des services.	NATURE DES ENTRÉES ET DES SORTIES.		
Service de l'habillement et des équipages de la flotte.	Entrées réelles.	Entrées à charge de payement........	Livraisons par suite d'achats.........................
			Cessions faites par des services étrangers à la marine et par des services de la marine.....................
		Entrées provenant de services dont la comptabilité est suivie sur inventaire particulier	Remises faites par les bâtiments....................
			—————— par les équipages de la flotte.........
			—————— par le dépôt des échantillons et types....
			Reversements de matières délivrées et non employées pour des expériences ordonnées....................
			Réintégration dans les magasins de matières et d'effets enlevés en fraude et saisis.....................
		Produits divers dont la valeur vient en atténuation des frais généraux..........	Entrées de matières et d'effets déclassés, et de produits de démolition de matières et d'effets en approvisionnement...............................
			Excédants constatés par recensement...............
			Changements de classification....................
			Rectification d'évaluation......................
	Entrées d'ordre.	Envois faits par les magasins de Paris, par les autres ports et par les établissements situés hors des ports, et envois directs par les fournisseurs d'objets dont la recette doit avoir lieu dans le port et la liquidation à Paris. (Mouvements de comptable à comptable du même service.)............	

PIÈCES A PRODUIRE PAR LES COMPTABLES

A L'APPUI DE LEURS OPÉRATIONS A CHARGE OU A DÉCHARGE.

Extrait du procès-verbal de recette revêtu de l'ordre de réception du commissaire aux approvisionnements et de la déclaration de prise en charge du comptable.

Copie de la décision du ministre ou du préfet maritime qui a autorisé la cession, et ordre de réception du commissaire aux approvisionnements, revêtu de la déclaration de prise en charge du comptable.

Extrait du registre des procès-verbaux de visite, revêtu de l'ordre de réception du commissaire aux approvisionnements et de la déclaration de prise en charge du comptable.

Extrait du registre des procès-verbaux de visite, revêtu de l'ordre de réception du commissaire aux approvisionnements et de la déclaration de prise en charge du comptable.

Les pièces qui justifient la sortie des matières ou des effets déclassés ou démolis.

Procès-verbal de recensement, revêtu, 1° de l'approbation du ministre; 2° de l'ordre d'exécution du commissaire aux approvisionnements; 3° de la déclaration de prise en charge du comptable.

La pièce qui justifie la sortie des matières ou des effets dont la classification a été rectifiée.

Ordre du commissaire aux approvisionnements, revêtu de la déclaration de prise en charge du comptable.

Extrait du procès-verbal de recette, revêtu de l'ordre de réception du commissaire aux approvisionnements et de la déclaration de prise en charge du comptable.

DÉSI-GNATION des services.	NATURE DES ENTRÉES ET DES SORTIES.		
Service de l'habille-ment des équipages de la flotte. (Suite.)	Entrées d'ordre. (Suite.)	Reprises de service par suite de mutations de comptables. (Mouve-ments intérieurs.)..	....
	Sorties réelles.	Sorties à charge de rem-boursement........	Cessions faites à des services étrangers à la marine.....
			——————— à des particuliers..................
			——————— à des services de la marine............
			Pertes et déficits mis à la charge des comptables et autres agents.................................
		Délivrances à des ser-vices dont la compta-bilité est suivie sur inventaire particulier	Délivrances faites aux bâtiments................
			——————— aux équipages de la flotte........
			——————— au dépôt des échantillons et types...
			Délivrances de matières destinées aux expériences ordon-nées................................
		Sorties imputables aux frais généraux.....	Pertes par force majeure.....................
			Consommations pour le service intérieur des magasins.
			Consommations pour épreuves................

des équipages de la flotte. (Suite.)

PIÈCES A PRODUIRE PAR LES COMPTABLES

A L'APPUI DE LEURS OPÉRATIONS À CHARGE OU A DÉCHARGE.

Procès-verbal constatant la reprise de service.

Ordre du commissaire aux approvisionnements, appuyé de la copie de la décision du ministre ou du préfet maritime qui a autorisé la cession, et revêtu du récépissé de la partie prenante.

Décision du ministre, appuyée du récépissé constatant le versement au Trésor du montant de l'imputation qui a été prescrite, ainsi que de l'ordre de régularisation du commissaire aux approvisionnements.

Ordre de délivrance du commissaire aux approvisionnements, revêtu du récépissé de la partie prenante.

Ordre de délivrance du commissaire aux approvisionnements, ou acte de réquisition de l'inspecteur en chef ou autre fonctionnaire chargé par le ministre d'une mission spéciale, et récépissé de la partie prenante.

Procès-verbal constatant le fait et la perte, revêtu de la décision du ministre et visé pour l'exécution par le commissaire aux approvisionnements.

État de consommation, dressé par le comptable et revêtu de l'autorisation du commissaire aux approvisionnements de porter en sortie les matières consommées.

Extrait du procès-verbal de recette, revêtu de l'ordre de porter en sortie, donné par le commissaire aux approvisionnements.

DÉSI-GNATION des services.	NATURE DES ENTRÉES ET LES SORTIES.		
Service de l'habille-ment des équipages de la flotte. (Suite.)	Sorties réelles. (Suite.)	Sorties imputables aux frais généraux..... (Suite.)	Déchets de magasin..............................
			Sorties d'effets et de matières .... { détruits.......................
			démolis.......................
			déclassés.......................
			Remises aux domaines de matières et d'effets destinés à être vendus..............................
			Déficits admis en compte..............................
			Changements de classification..............................
			Rectification d'évaluation..............................
	Sorties d'ordre.	Envois aux magasins de Paris, aux autres ports et aux établis-sements situés hors des ports. (Mouve-ments de comptable à comptable du même service.).........	....
		Remises de service par suite de mutations de comptables. (Mou-vements intérieurs.).	....

des équipages de la flotte. (Suite.)

PIÈCES A PRODUIRE PAR LES COMPTABLES

À L'APPUI DE LEURS OPÉRATIONS À CHARGE OU À DÉCHARGE.

Procès-verbal portant : 1° approbation du ministre ; 2° ordre d'exécution du commissaire aux approvisionnements.

Procès-verbal de condamnation, approuvé par le ministre, et procès-verbal de destruction, revêtu de l'ordre de porter en sortie, donné par le commissaire aux approvisionnements.

Procès-verbal de condamnation, approuvé par le ministre, et procès-verbal de démolition ; le procès-verbal de condamnation, revêtu de l'ordre de porter en sortie, donné par le commissaire aux approvisionnements, et de la déclaration de prise en charge des produits de la démolition.

Procès-verbal de condamnation portant : 1° approbation du ministre ; 2° ordre d'exécution du commissaire aux approvisionnements ; 3° déclaration de prise en charge des matières ou des effets sous leur nouveau classement.

Procès-verbal de condamnation, approuvé par le ministre, revêtu de l'ordre de versement du commissaire aux approvisionnements et du récépissé des agents des domaines.

Procès-verbal de recensement, approuvé par le ministre et revêtu de l'ordre d'exécution du commissaire aux approvisionnements.

Ordre du commissaire aux approvisionnements, revêtu de la déclaration de prise en charge, par le comptable, des matières ou des effets sous leur classification rectifiée.

Ordre du commissaire aux approvisionnements.

Ordre d'expédition du commissaire aux approvisionnements, revêtu du récépissé de l'agent chargé du transport, ou du capitaine du bâtiment.

Procès-verbal constatant la remise de service.

DÉSIGNATION des sorties.	NATURE DES ENTRÉES ET DES SORTIES.
Service de l'habillement des troupes de la marine.	**Entrées réelles.** *Entrées à charge de payement........* — Livraisons par suite d'achats................. — Cessions faites par des services étrangers à la marine et par des services de la marine.................. *Entrées provenant de services dont la comptabilité est suivie sur inventaire particulier* — Remises faites par les corps de troupes de la marine... — ————— par le dépôt des échantillons et types.... — Reversements de matières délivrées et non employées pour des expériences ordonnées................ *Produits divers dont la valeur vient en atténuation des frais généraux..........* — Réintégration dans les magasins de matières et d'effets enlevés en fraude et saisis.................. — Entrées de matières et d'effets déclassés et de produits de démolition de matières et d'effets en approvisionnement........................ — Excédants constatés par recensement.............. — Changements de classification................... — Rectification d'évaluation......................

des troupes de la marine.

PIÈCES A PRODUIRE PAR LES COMPTABLES

A L'APPUI DE LEURS OPÉRATIONS À CHARGE OU À DÉCHARGE.

Extrait du procès-verbal de recette, revêtu de l'ordre de réception du commissaire aux approvisionnements et de la déclaration de prise en charge du comptable.

Copie de la décision du ministre ou du préfet maritime qui a autorisé la cession, et ordre de réception du commissaire aux approvisionnements, revêtu de la déclaration de prise en charge du comptable.

Extrait du registre des procès-verbaux de visite, revêtu de l'ordre de réception du commissaire aux approvisionnements et de la déclaration de prise en charge du comptable.

Extrait du registre des procès-verbaux de visite, revêtu de l'ordre de réception du commissaire aux approvisionnements et de la déclaration de prise en charge du comptable.

Les pièces qui justifient la sortie des matières ou des effets déclassés ou démolis.

Procès-verbal de recensement, revêtu, 1° de l'approbation du ministre; 2° de l'ordre d'exécution du commissaire aux approvisionnements; 3° de la déclaration de prise en charge du comptable.

La pièce qui justifie la sortie des matières ou des effets dont la classification a été rectifiée.

Ordre du commissaire aux approvisionnements, revêtu de la déclaration de prise en charge du comptable.

6.

DÉSIGNA-TION des services.		NATURE DES ENTRÉES ET DES SORTIES.
Service de l'habillement des troupes de la marine. (Suite.)	Entrées d'ordre.	Envois faits par les magasins de Paris, par les autres ports et par les établissements situés hors des ports, et envois directs par les fournisseurs d'objets dont la recette doit avoir lieu dans le port et la liquidation à Paris. (Mouvements de comptable à comptable du même service.) . . . .
		Reprises de service par suite de mutations de comptables. (Mouvements intérieurs.) . . . .
	Sorties réelles.	Sorties à charge de remboursement. . . .	Cessions faites à des services étrangers à la marine. . . .
			———— à des particuliers. . . . .
			———— à des services de la marine. . . . .
			Pertes et déficits mis à la charge des comptables et autres agents. . . . .
		Délivrances à des services dont la comptabilité est suivie sur inventaire particulier	Délivrances faites aux corps de troupes de la marine. . . .
			———— au dépôt des échantillons et types. . . . .
			———— de matières destinées aux expériences ordonnées. . . . .
		Sorties imputables aux frais généraux.	Pertes par force majeure. . . . .
			Consommations pour le service intérieur des magasins. .

des troupes de la marine. (Suite.)

PIÈCES A PRODUIRE PAR LES COMPTABLES

A L'APPUI DE LEURS OPÉRATIONS À CHARGE OU À DÉCHARGE.

Extrait du procès-verbal de recette, revêtu de l'ordre de réception du commissaire aux approvisionnements et de la déclaration de prise en charge du comptable.

Procès-verbal constatant la reprise de service.

Ordre du commissaire aux approvisionnements, appuyé de la copie de la décision du ministre ou du préfet maritime qui a autorisé la cession, et revêtu du récépissé de la partie prenante.

Décision du ministre, appuyée du récépissé constatant le versement au Trésor du montant de l'imputation qui a été prescrite, ainsi que de l'ordre de régularisation du commissaire aux approvisionnements.

Ordre de délivrance du commissaire aux approvisionnements, revêtu du récépissé de la partie prenante.

Ordre de délivrance du commissaire aux approvisionnements, ou acte de réquisition de l'inspecteur en chef ou autre fonctionnaire chargé par le ministre d'une mission spéciale, et récépissé de la partie prenante.

Procès-verbal constatant le fait et la perte, revêtu de la décision du ministre et visé pour l'exécution par le commissaire aux approvisionnements.

État de consommation, dressé par le comptable et revêtu de l'autorisation du commissaire aux approvisionnements de porter en sortie les matières consommées.

DÉSIGNA-TION des services.	NATURE DES ENTRÉES ET DES SORTIES.		
Service de l'habille- ment des troupes de la marine. (Suite.)	Sorties réelles. (Suite.)	Sorties imputables aux frais généraux. . . . . (Suite.)	Consommations pour épreuves. . . . .
			Déchets de magasin. . . . .
			Sorties d'effets et de matières — détruits. . . . .
			démolis. . . . .
			déclassés. . . . .
			Remises aux domaines de **matières** et d'**effets destinés à** être vendus. . . . .
			Déficits admis en compte. . . . .
			Changements de classification. . . . .
			Rectification d'évaluation. . . . .
	Sorties d'ordre	Envois aux magasins de Paris, aux autres ports et établisse- ments situés hors des ports. (Mouvements de comptable à comp- table du même ser- vice.).	. . . .
		Remises de service par suite de mutations de comptables. (Mouve- ments intérieurs.). .	. . . .

les troupes de la marine. (Suite.)

PIÈCES A PRODUIRE PAR LES COMPTABLES

À L'APPUI DE LEURS OPÉRATIONS À CHARGE OU À DÉCHARGE.

Extrait du procès-verbal de recette, revêtu de l'ordre de porter en sortie, donné par le commissaire aux approvisionnements.

Procès-verbal portant : 1° approbation du ministre; 2° ordre d'exécution du commissaire aux approvisionnements.

Procès-verbal de condamnation, approuvé par le ministre, et procès-verbal de destruction, revêtu de l'ordre de porter en sortie, donné par le commissaire aux approvisionnements.

Procès-verbal de condamnation, approuvé par le ministre, et procès-verbal de démolition; le procès-verbal de condamnation revêtu de l'ordre de porter en sortie, donné par le commissaire aux approvisionnements, et de la déclaration de prise en charge des produits de la démolition.

Procès-verbal de condamnation portant : 1° approbation du ministre; 2° ordre d'exécution du commissaire aux approvisionnements; 3° déclaration de prise en charge des matières ou des effets sous leur nouveau classement.

Procès-verbal de condamnation, approuvé par le ministre, revêtu de l'ordre de versement du commissaire aux approvisionnements et du récépissé des agents des domaines.

Procès-verbal de recensement, approuvé par le ministre et revêtu de l'ordre d'exécution du commissaire aux approvisionnements.

Ordre du commissaire aux approvisionnements, revêtu de la déclaration de prise en charge, par le comptable, des matières ou des effets sous leur classification rectifiée.

Ordre du commissaire aux approvisionnements.

Ordre d'expédition du commissaire aux approvisionnements, revêtu du récépissé de l'agent chargé du transport ou du capitaine du bâtiment.

Procès-verbal constatant la remise du service.

DÉSIGNATION des services.		NATURE DES ENTRÉES ET DES SORTIES.	
Service du casernement des équipages de la flotte et des troupes de la marine. (Lits militaires.)	Entrées réelles.	Entrées à charge de payement........	Livraisons par suite d'achats......................
			Cessions faites par des services étrangers à la marine et par des services de la marine....................
		Produits de transformation.........	....
		Entrées provenant de services dont la comptabilité est suivie sur inventaire particulier	Remises faites par les équipages de la flotte et par les corps de troupes de la marine.................
			Remises faites par le dépôt des échantillons et types....
			Reversements de matières délivrées et non employées pour des expériences ordonnées................
			Envois faits par les dépôts établis hors du territoire continental...
			Réintégration dans les magasins de matières et d'objets prêtés...
		Produits divers dont la valeur vient en atténuation des frais généraux..........	Réintégration dans les magasins de matières et d'objets enlevés en fraude et saisis....................
			Sauvetages..................................
			Entrées de matières et d'objets déclassés et de produits de démolition de matières et d'objets en approvisionnement.....................................
			Excédants constatés par recensement.............
			Changements de classification...................
			Rectification d'évaluation.....................

et des troupes de la marine. (Lits militaires.)

PIÈCES A PRODUIRE PAR LES COMPTABLES

À L'APPUI DE LEURS OPÉRATIONS À CHARGE OU A DÉCHARGE.

Extrait du procès-verbal de recette, revêtu de l'ordre de réception du commissaire aux approvisionnements et de la déclaration de prise en charge du comptable.

Copie de la décision du ministre ou du préfet maritime qui a autorisé la cession, et ordre de réception du commissaire aux approvisionnements, revêtu de la déclaration de prise en charge du comptable.

Extrait du procès-verbal de recette, revêtu de l'ordre de réception du commissaire aux approvisionnements et de la déclaration de prise en charge du comptable.

Extrait du procès-verbal de visite, revêtu de l'ordre de réception du commissaire aux approvisionnements et de la déclaration de prise en charge du comptable.

Extrait du procès-verbal de visite, revêtu de l'ordre de réception du commissaire aux approvisionnements et de la déclaration de prise en charge du comptable.

Les pièces qui justifient la sortie des objets déclassés ou démolis.

Procès-verbal de recensement, revêtu, 1° de l'approbation du ministre; 2° de l'ordre d'exécution du commissaire aux approvisionnements; 3° de la déclaration de prise en charge du comptable.

La pièce qui justifie la sortie des objets dont la classification a été rectifiée.

Ordre du commissaire aux approvisionnements, revêtu de la déclaration de prise en charge du comptable.

DÉSIGNATION des services.	NATURE DES ENTRÉES ET DES SORTIES.		
Service du casernement des équipages de la flotte et des troupes de la marine. (Lits militair⁰ˢ.) (Suite.)	**Entrées d'ordre.**	Envois faits par les magasins de Paris, par les autres ports, et par les établissements situés hors des ports, et envois directs par les fournisseurs d'objets dont la recette doit avoir lieu dans le port et la liquidation à Paris. (Mouvements de comptable à comptable du même service.)...........	....
		Reprises de service par suite de mutations de comptables. (Mouvements intérieurs.)..	....
	Sorties réelles.	Sorties à charge de remboursement....	Cessions faites à des services étrangers à la marine.....
			—————— à des particuliers.................
			—————— à des services de la marine..........
			Pertes et déficits mis à la charge des comptables et autres agents.....................................
		Emploi aux transformations	....
		Délivrances à des services dont la comptabilité est suivie sur inventaire particulier	Délivrances faites aux équipages de la flotte et aux corps de troupes de la marine.......................
			Délivrances faites au dépôt des échantillons et types...
			Délivrances de matières destinées aux expériences ordonnées..................................
			Envois faits à des dépôts établis hors du territoire continental...................................
			Prêts...................................

et des troupes de la marine. (Lits militaires.) (Suite.)

PIÈCES A PRODUIRE PAR LES COMPTABLES

À L'APPUI DE LEURS OPÉRATIONS À CHARGE OU À DÉCHARGE.

Extrait du procès-verbal de recette, revêtu de l'ordre de réception du commissaire aux approvisionnements et de la déclaration de prise en charge du comptable.

Procès-verbal constatant la reprise de service.

Ordre du commissaire aux approvisionnements, appuyé de la copie de la décision du ministre ou du préfet maritime qui a autorisé la cession, et revêtu du récépissé de la partie prenante.

Décision du ministre, appuyée du récépissé constatant le versement au Trésor du montant de l'imputation qui a été prescrite, ainsi que de l'ordre de régularisation du commissaire aux approvisionnements.

Copie du marché et ordre de délivrance du commissaire aux approvisionnements, revêtu du récépissé de l'entrepreneur ou de son représentant.

Ordre de délivrance du commissaire aux approvisionnements, revêtu du récépissé de la partie prenante.

Ordre de délivrance du commissaire aux approvisionnements, ou acte de réquisition de l'inspecteur en chef ou autre fonctionnaire chargé par le ministre d'une mission spéciale, et récépissé de la partie prenante.

Ordre d'expédition du commissaire aux approvisionnements, revêtu du récépissé du capitaine du bâtiment chargé du transport.

Copie de la décision du ministre ou du préfet maritime qui a autorisé le prêt, et ordre d'exécution du commissaire aux approvisionnements, revêtu du récépissé de la partie prenante.

7.

DÉSIGNATION des services.	NATURE DES ENTRÉES ET DES SORTIES.		
Service du casernement des équipages de la flotte et des troupes de la marine. (Lits militair".) (Suite.)	Sorties réelles. (Suite.)	Sorties imputables aux frais généraux......	Pertes par force majeure........................
			Consommations pour le service intérieur des magasins..
			Consommations pour épreuves....................
			Déchets de magasins...........................
		Sorties d'objets et de matières.......	détruits....................
			démolis....................
			déclassés...................
			Remises aux domaines de matières et d'objets destinés à être vendus...............................
			Déficits admis en compte......................
			Changements de classification..................
			Rectification d'évaluation......................
	Sorties d'ordre.	Envois aux magasins de Paris, aux autres ports et aux établissements situés hors des ports. (Mouvem" de comptable à comptable du même service.)....	....
		Remises de service par suite de mutations de comptables. (Mouvements intérieurs.)..	....

et des troupes de la marine. (Lits militaires.) (Suite.)

PIÈCES A PRODUIRE PAR LES COMPTABLES

À L'APPUI DE LEURS OPÉRATIONS À CHARGE OU A DÉCHARGE.

Procès-verbal constatant le fait et la perte, revêtu de la décision du ministre et visé pour l'exécution par le commissaire aux approvisionnements.

État de consommation, dressé par le comptable et revêtu de l'autorisation du commissaire aux approvisionnements de porter en sortie les matières et objets consommés.

Extrait du procès-verbal de recette, revêtu de l'ordre de porter en sortie, donné par le commissaire aux approvisionnements.

Procès-verbal portant : 1° approbation du ministre ; 2° ordre d'exécution du commissaire aux approvisionnements.

Procès-verbal de condamnation, approuvé par le ministre, et procès-verbal de destruction, revêtu de l'ordre de porter en sortie, donné par le commissaire aux approvisionnements.

Procès-verbal de condamnation, approuvé par le ministre, et procès-verbal de démolition; le procès-verbal de condamnation revêtu de l'ordre de porter en sortie, donné par le commissaire aux approvisionnements, et de la déclaration de prise en charge des produits de la démolition.

Procès-verbal de condamnation portant : 1° approbation du ministre; 2° ordre d'exécution du commissaire aux approvisionnements; 3° déclaration de prise en charge des matières ou des objets sous leur nouveau classement.

Procès-verbal de condamnation, approuvé par le ministre, revêtu de l'ordre de versement du commissaire aux approvisionnements et du récépissé des agents des domaines.

Procès-verbal de recensement, approuvé par le ministre et revêtu de l'ordre d'exécution du commissaire aux approvisionnements.

Ordre du commissaire aux approvisionnements, revêtu de la déclaration de prise en charge, par le comptable, des matières ou des objets sous leur classification rectifiée.

Ordre du commissaire aux approvisionnements.

Ordre d'expédition du commissaire aux approvisionnements, revêtu du récépissé de l'agent chargé du transport ou du capitaine du bâtiment.

Procès-verbal constatant la remise de service.

DÉSIGNATION des services.	NATURE DES ENTRÉES ET DES SORTIES.		
Service des hôpitaux.	Entrées réelles.	Entrées à charge de payement.........	Livraisons par suite d'achats.....................
			Cessions faites par des services étrangers à la marine et par des services de la marine..................
			Remplacements faits par les fournisseurs de denrées reconnues détériorées après leur recette...........
		Produits de transformations, compositions, mixtures, etc.	Produits de transformations, etc. { Produits de drogues et de médicaments.. / Produits d'objets de consommation.....
			Résidus des matières mises en œuvre..............
			Produits de réparation d'objets divers en service......
			Produits de cultures et de récoltes................
		Entrées provenant de services dont la comptabilité est suivie sur inventaire particul^r.	Remises faites par les bâtiments, par les salles et amphithéâtres, par les postes, ambulances, infirmeries, etc. par le dépôt des échantillons et types.............
			Reversements de matières délivrées et non employées pour des expériences ordonnées, ainsi que des produits et des résidus provenant de matières employées à ces expériences.................................
			Envois faits par les dépôts établis hors du territoire continental..................................
		Produits divers dont la valeur vient en atténuation des frais généraux..........	Réintégration dans les magasins de matières et d'objets enlevés en fraude et saisis.....................
			Bonification de sangsues ayant déjà servi...........

hôpitaux.

PIÈCES A PRODUIRE PAR LES COMPTABLES

À L'APPUI DE LEURS OPÉRATIONS À CHARGE OU À DÉCHARGE.

Extrait du procès-verbal de recette, revêtu du procès-verbal de réception du commissaire aux hôpitaux et de la déclaration de prise en charge du comptable.

Copie de la décision du ministre ou du préfet maritime qui a autorisé la cession, et ordre de réception du commissaire aux hôpitaux, revêtu de la déclaration de prise en charge du comptable.

Extrait du procès-verbal de recette, appuyé de la copie de la décision en vertu de laquelle le remplacement a eu lieu, revêtu de l'ordre de réception du commissaire aux hôpitaux et de la déclaration de prise en charge du comptable.

Extrait du registre des procès-verbaux de recette ou état des objets confectionnés ou préparés, certifié par le pharmacien en chef, vérifié et visé par le commissaire aux hôpitaux, et revêtu de la déclaration de prise en charge du comptable.

Extrait du registre des procès-verbaux de recette ou état des objets confectionnés ou préparés, certifié par l'officier du commissariat chargé de la surveillance des transformations et confections, revêtu de l'ordre de réception du commissaire aux hôpitaux et de la déclaration de prise en charge du comptable.

Extrait du registre des procès-verbaux de visite, revêtu de l'ordre de réception du commissaire aux hôpitaux et de la déclaration de prise en charge du comptable.

Extrait du registre des procès-verbaux de visite ou de démolition, revêtu de l'ordre de réception du commissaire aux hôpitaux et de la déclaration de prise en charge du comptable.

Extrait du registre des procès-verbaux de visite, revêtu de l'ordre de réception du commissaire aux hôpitaux et de la déclaration de prise en charge du comptable.

DÉSIGNATION des services.	NATURE DES ENTRÉES ET DES SORTIES.		
Service des hôpitaux. (Suite.)	Entrées réelles. (Suite.)	Produits divers dont la valeur vient en atténuation des frais généraux.......... (Suite.)	Recettes des matières employées aux épreuves des livraisons faites par les fournisseurs et rebutées. Produits et résidus des matières employées aux épreuves........
			Entrées de matières et d'objets déclassés, et de produits de démolition de matières et d'objets en approvisionnement..................................
			Excédants constatés par recensement..............
			Changements de classification....................
			Rectification d'évaluation.......................
	Entrées d'ordre.	Envois faits par les magasins de Paris, par les autres ports et par les établissements situés hors des ports, et envois directs par les fournisseurs d'objets dont la recette doit avoir lieu dans le port et la liquidation à Paris. (Mouvements de comptable à comptable du même service.).........	....
		Reprises de service par suite de mutations de comptables. (Mouvements intérieurs.)..	....
	Sorties réelles.	Sorties à charge de remboursement....	Cessions faites à des services étrangers à la marine, à des particuliers, à des services de la marine..........
			Pertes et déficits mis à la charge des comptables et autres agents..
			Remises aux fournisseurs, à charge de remboursement ou de remplacement, de denrées reconnues détériorées après leur recette...........................

hôpitaux. (Suite.)

PIÈCES A PRODUIRE PAR LES COMPTABLES

A L'APPUI DE LEURS OPÉRATIONS A CHARGE OU A DÉCHARGE.

Extrait du procès-verbal de la commission de recette, revêtu de l'ordre de réception du commissaire aux hôpitaux et de la déclaration de prise en charge du comptable.

Les pièces qui justifient la sortie des objets déclassés ou démolis.

Procès-verbal de recensement, revêtu, 1° de l'approbation du ministre; 2° de l'ordre d'exécution du commissaire aux hôpitaux; 3° de la déclaration de prise en charge du comptable.

La pièce qui justifie la sortie des objets dont la classification a été rectifiée.

Ordre du commissaire aux hôpitaux, revêtu de la déclaration de prise en charge du comptable.

Extrait du procès-verbal de recette, revêtu de l'ordre de réception du commissaire aux hôpitaux et de la déclaration de prise en charge du comptable.

Procès-verbal constatant la reprise de service.

Ordre du commissaire aux hôpitaux, appuyé de la copie de la décision du ministre ou du préfet maritime qui a autorisé la cession, et revêtu du récépissé de la partie prenante.

Décision du ministre, appuyée du récépissé constatant le versement au Trésor du montant de l'imputation qui a été prescrite, ainsi que de l'ordre de régularisation du commissaire aux hôpitaux.

Ordre de remise du commissaire aux hôpitaux, appuyé de la copie de la décision en vertu de laquelle la remise a eu lieu, et revêtu du récépissé du fournisseur ou de son représentant.

DÉSI-GNATION des services.	NATURE DES ENTRÉES ET DES SORTIES.		
Service des hôpitaux. (Suite.)	**Sorties réelles. (Suite.)**	Emploi aux transformations, compositions, mixtures, etc.	Emploi de drogues et de médicaments aux compositions, mixtures et transformations....................
			Emploi de matières aux transformations, aux confections et aux réparations de linge, matelas, couvertures, etc.
		Délivrances à des services dont la comptabilité est suivie sur inventaire particulier.	**Délivrances faites aux bâtiments.** Délivrances aux bâtiments de drogues et de médicaments.................
			Délivrances faites aux bâtiments. Envois faits à des bâtiments en cours de campagne ou aux stations navales....
			Délivrances d'objets destinés à être mis en service dans les salles et amphithéâtres.....................
			Délivrances d'objets destinés à être mis en service dans les postes, ambulances, infirmeries, etc..........
			Délivrances faites au dépôt des échantillons et types...
			Délivrances de matières destinées aux expériences ordonnées.........................
			Envois faits à des dépôts établis hors du territoire continental......................
		Sorties imputables aux frais généraux.....	Consommations de denrées et de médicaments pour les malades..........................
			Consommations pour la nourriture des officiers de santé de garde, des sœurs, des infirmiers, etc..........
			Consommations pour le chauffage, l'éclairage, etc. des hôpitaux..........................
			Délivrances de denrées et de médicaments destinés à être consommés immédiatement dans les amphithéâtres, laboratoires, jardins botaniques, postes, ambulances, infirmeries, etc..........................
			Délivrances de caisses d'instruments de chirurgie.....

hôpitaux. (Suite.)

PIÈCES A PRODUIRE PAR LES COMPTABLES

A L'APPUI DE LEURS OPÉRATIONS A CHARGE OU A DÉCHARGE.

État certifié par le premier pharmacien en chef, faisant connaître les drogues délivrées, vérifié et visé par le commissaire aux hôpitaux.

État certifié par l'officier du commissariat chargé de la surveillance des transformations et confections, faisant connaître les matières délivrées, vérifié et visé par le commissaire aux hôpitaux ; ou copie du marché et ordre de délivrance du commissaire aux hôpitaux, revêtu du récépissé de l'entrepreneur ou de son représentant.

État dressé par l'agent comptable, certifié par le commissaire aux hôpitaux ou par le directeur du service de santé, et revêtu de la déclaration du commissaire aux travaux, constatant que les matières et objets y dénommés ont été portés à la charge des bâtiments sur leur inventaire respectif.

Ordre d'expédition du commissaire aux hôpitaux, revêtu du récépissé du capitaine du bâtiment chargé du transport.

Ordre de délivrance du commissaire aux hôpitaux, revêtu du récépissé de la partie prenante.

Ordre de délivrance du commissaire aux hôpitaux, ou acte de réquisition de l'inspecteur en chef ou autre fonctionnaire chargé par le ministre d'une mission spéciale, et récépissé de la partie prenante.

Ordre d'expédition du commissaire aux hôpitaux, revêtu du récépissé du capitaine du bâtiment chargé du transport.

État récapitulatif des denrées et des médicaments distribués ou consommés pendant le mois ; cet état certifié par le directeur du service de santé, revêtu du bon à porter en sortie du commissaire aux hôpitaux.

État récapitulatif des consommations faites pendant le mois ; cet état dressé par le comptable et revêtu du bon à porter en sortie du commissaire aux hôpitaux.

Ordre de délivrance du directeur du service de santé, revêtu du récépissé de la partie prenante.

Ordre du commissaire aux hôpitaux, appuyé d'une ampliation de la décision du préfet maritime et du récépissé de l'officier de santé à qui la caisse a été remise.

DÉSI-GNATION des services.	NATURE DES ENTRÉES ET DES SORTIES.			
Service des hôpitaux. (Suite.)	Sorties réelles. (Suite.)	Sorties imputables aux frais généraux..... (Suite.)		Pertes par force majeure........................
				Consommations pour épreuves....................
				Déchets de magasin.............................
			Sorties d'objets et de matières	détruits.........................
				démolis..........................
				déclassés.........................
				Remises aux domaines de matières et d'objets destinés à être vendus.................................
				Déficits admis en compte......................
				Changements de classification....................
				Rectification d'évaluation.......................
	Sorties d'ordre.	Envois aux magasins de Paris, aux autres ports et aux établissements situés hors des ports. (Mouvements de comptable à comptable du même service.)........		....
		Remises de service par suite de mutations de comptables. (Mouvements intérieurs.)..		....

hôpitaux. (Suite.)

PIÈCES A PRODUIRE PAR LES COMPTABLES

À L'APPUI DE LEURS OPÉRATIONS A CHARGE OU A DÉCHARGE.

Procès-verbal constatant le fait et la perte, revêtu de la décision du ministre et visé pour l'exécution par le commissaire aux hôpitaux.

Extrait du procès-verbal de recette, revêtu de l'ordre de porter en sortie, donné par le commissaire aux hôpitaux.

Procès-verbal portant : 1° approbation du ministre; 2° ordre d'exécution du commissaire aux hôpitaux.

Procès-verbal de condamnation, approuvé par le ministre, et procès-verbal de destruction, revêtu de l'ordre de porter en sortie, donné par le commissaire aux hôpitaux.

Procès-verbal de condamnation, approuvé par le ministre, et procès-verbal de démolition; le procès-verbal de condamnation, revêtu de l'ordre de porter en sortie, donné par le commissaire aux hôpitaux, et de la déclaration de prise en charge des produits de la démolition.

Procès-verbal de condamnation portant : 1° approbation du ministre; 2° ordre d'exécution du commissaire aux hôpitaux; 3° déclaration de prise en charge des matières ou des objets sous leur nouveau classement.

Procès-verbal de condamnation, approuvé par le ministre, revêtu de l'ordre de versement du commissaire aux hôpitaux et du récépissé des agents des domaines.

Procès-verbal de recensement, approuvé par le ministre et revêtu de l'ordre d'exécution du commissaire aux hôpitaux.

Ordre du commissaire aux hôpitaux, revêtu de la déclaration de prise en charge, par le comptable, des matières ou des objets sous leur classification rectifiée.

Ordre du commissaire aux hôpitaux.

Ordre d'expédition du commissaire aux hôpitaux, revêtu du récépissé de l'agent chargé du transport ou du capitaine du bâtiment.

Procès-verbal constatant la remise de service.

DÉSI-GNATION des services.	NATURE DES ENTRÉES ET DES SORTIES.			
Service des vivres.	Entrées réelles.	Entrées à charge de payement........		Livraisons par suite d'achats.....................
				Cessions faites par des services étrangers à la marine et par des services de la marine..................
				Remplacements faits par les fournisseurs de denrées reconnues détériorées après leur recette..........
		Produits de transformations et de manutention..........	Produits de transformations et de manutention.	Produits des moutures, des blutages, de la fabrication du pain en biscuit, du mouillage des esprits....
				Résidus des denrées et des matières mises en œuvre...
				Produits de réparations, d'installations et de démontages d'objets divers en service.....................
		Entrées provenant de services dont la comptabilité est suivie sur inventaire particulier............		Remises faites par les bâtiments..................
				—————— par les équipages de la flotte et par les corps de troupes de la marine........
				—————— par les bagnes, maisons d'arrêt, etc....
				—————— par le service des apparaux, machines, ustensiles et outils................
				—————— par le dépôt des échantillons et types....
				Reversements de denrées délivrées et non employées pour des expériences ordonnées, ainsi que des produits et des résidus provenant de denrées employées à ces expér[ces].
				Envois faits par les dépôts établis hors du territoire continental.................................
				Réintégration dans les magasins d'objets prêtés........
		Produits divers dont la valeur vient en atténuation des frais généraux............		Réintégration dans les magasins de denrées, de matières et d'objets enlevés en fraude et saisis............
				Sauvetages............................. ......
				Recettes des denrées et des matières employées aux épreuves des livraisons faites par les fournisseurs et rebutées ; produits et résidus des denrées et des matières employées aux épreuves....................

des vivres.

PIÈCES A PRODUIRE PAR LES COMPTABLES

À L'APPUI DE LEURS OPÉRATIONS À CHARGE OU A DÉCHARGE.

Extrait du procès-verbal de recette, revêtu de l'ordre de réception du commissaire aux subsistances et de la déclaration de prise en charge du comptable.

Copie de la décision du ministre ou du préfet maritime qui a autorisé la cession, et ordre de réception du commissaire aux subsistances, revêtu de la déclaration de prise en charge du comptable.

Extrait du procès-verbal de recette, appuyé de la copie de la décision en vertu de laquelle le remplacement a eu lieu, revêtu de l'ordre de réception du commissaire aux subsistances et de la déclaration de prise en charge du comptable.

Extrait du registre des procès-verbaux de recette ou état des produits obtenus, certifié par le chef de manutention, vu et vérifié par le commissaire aux subsistances, et revêtu de la déclaration de prise en charge du comptable.

Extrait du registre des procès-verbaux de visite, revêtu de l'ordre de réception du commissaire aux subsistances et de la déclaration de prise en charge du comptable.

Extrait du registre des procès-verbaux de visite ou de démolition, revêtu de l'ordre de réception du commissaire aux subsistances et de la déclaration de prise en charge du comptable.

Extrait du registre des procès-verbaux de visite, revêtu de l'ordre de réception du commissaire aux subsistances et de la déclaration de prise en charge du comptable.

Extrait du procès-verbal de la commission de recette, revêtu de l'ordre de réception du commissaire aux subsistances et de la déclaration de prise en charge du comptable.

DÉSI-GNATION des services.	NATURE DES ENTRÉES ET DES SORTIES.		
Service des vivres. (Suite.)	Entrées réelles. (Suite.)	Produits divers dont la valeur vient en atténuation des frais généraux.......... (Suite.)	Entrées d'objets dont le classement a été changé par suite de réparations ou de modifications...........
			Entrées de matières et d'objets déclassés, et de produits de démolition de matières et d'objets en approvisionnement...........................
			Excédants constatés par recensement..............
			Changements de classification....................
			Rectification d'évaluation.......................
	Entrées d'ordre.	Envois faits par les magasins de Paris, par les autres ports et par les établissements situés hors des ports, et envois directs par les fournisseurs d'objets dont la recette doit avoir lieu dans le port et la liquidation à Paris. (Mouvements de comptable à comptable du même service.)...........	....
		Reprises de service par suite de mutations de comptables. (Mouvements intérieurs)..	....
	Sorties réelles.	Sorties à charge de remboursement.......	Cessions faites à des services étrangers à la marine ....
			——————— à des particuliers................
			——————— à des services de la marine..........
			Pertes et déficits mis à la charge des comptables et autres agents..

vivres. (Suite.)

<table>
<tr><td align="center">PIÈCES A PRODUIRE PAR LES COMPTABLES</td></tr>
<tr><td align="center">A L'APPUI DE LEURS OPÉRATIONS À CHARGE ET À DÉCHARGE.</td></tr>
</table>

Les pièces qui justifient la sortie des objets déclassés ou démolis.

Procès-verbal de recensement, revêtu, 1° de l'approbation du ministre; 2° de l'ordre d'exécution du commissaire aux subsistances; 3° de la déclaration de prise en charge du comptable.

La pièce qui justifie la sortie des objets dont la classification a été rectifiée.

Ordre du commissaire aux subsistances, revêtu de la déclaration de prise en charge du comptable.

Extrait du procès-verbal de recette, revêtu de l'ordre de réception du commissaire aux subsistances et de la déclaration de prise en charge du comptable.

Procès-verbal constatant la reprise de service.

Ordre du commissaire aux subsistances, appuyé de la copie de la décision du ministre ou du préfet maritime qui a autorisé la cession, et revêtu du récépissé de la partie prenante.

Décision du ministre, appuyée du récépissé constatant le versement au Trésor du montant de l'imputation qui a été prescrite, ainsi que de l'ordre de régularisation du commissaire aux subsistances.

DÉSIGNATION des services.		NATURE DES ENTRÉES ET DES SORTIES.		
Service des vivres. (Suite.)	Sorties réelles. (Suite.)	Sorties à charge de remboursement. (Suite.)		Remises aux fournisseurs, à charge de remboursement ou de remplacement, de denrées reconnues détériorées après leur recette..........................
		Emploi aux transformations et aux manutentions.........		Emploi aux transformations et aux conversions de toute nature....................................
		Délivrances à des services dont la comptabilité est suivie sur inventaire particulier	Délivrances faites aux bâtiments.	Délivrances faites aux bâtiments...
				Envois faits à des bâtiments en cours de campagne ou aux stations navales.....................
				Délivrances faites aux équipages de la flotte et aux corps de troupes de la marine.........
				—————— aux bagnes, maisons d'arrêts, etc....
				—————— au service des apparaux, machines, ustensiles et outils.............
				—————— au dépôt des échantillons et types...
				Délivrances de denrées destinées aux expériences ordonnées....................................
				Envois faits à des dépôts établis hors du territoire continental......................
				Prêts....................................
		Sorties imputables aux frais généraux.....		Pertes par force majeure.......................
				Consommations pour le service intérieur des magasins.
				Délivrances extraordinaires de denrées faites en vertu de décisions spéciales..................

vivres. (Suite.)

PIÈCES A PRODUIRE PAR LES COMPTABLES

A L'APPUI DE LEURS OPÉRATIONS À CHARGE OU A DÉCHARGE.

Ordre de remise du commissaire aux subsistances, appuyé de la copie de la décision en vertu de laquelle la remise a eu lieu, et revêtu du récépissé du fournisseur ou de son représentant.

État certifié par le chef de manutention, faisant connaître les denrées et matières délivrées, vérifié et visé par le commissaire aux subsistances; ou copie du marché et ordre de délivrance du commissaire aux subsistances, revêtu du récépissé de l'entrepreneur ou de son représentant.

État dressé par le garde-magasin, certifié par le sous-commissaire chargé des délivrances, vérifié et visé par le commissaire aux subsistances, et revêtu de la déclaration constatant que les denrées y dénommées ont été portées à la charge des bâtiments sur leur inventaire respectif.

Ordre d'expédition du commissaire aux subsistances, revêtu du récépissé du capitaine du bâtiment chargé du transport.

État dressé par le comptable, certifié par le sous-commissaire chargé des délivrances, vérifié et visé par le commissaire aux subsistances, et revêtu de la déclaration constatant que les denrées y dénommées ont été portées à la charge des corps sur leur inventaire respectif.

Ordre du sous-commissaire chargé des délivrances, visé pour l'exécution par le commissaire aux subsistances, et revêtu du récépissé de la partie prenante.

Ordre du sous-commissaire chargé des délivrances, visé pour l'exécution par le commissaire aux subsistances; ou acte de réquisition de l'inspecteur en chef ou autre fonctionnaire chargé par le ministre d'une mission spéciale, et récépissé de la partie prenante.

Ordre d'expédition du commissaire aux subsistances, revêtu du récépissé du capitaine du bâtiment chargé du transport.

Copie de la décision du ministre ou du préfet maritime qui a autorisé le prêt, et ordre d'exécution du commissaire aux subsistances, revêtu du récépissé de la partie prenante.

Procès-verbal constatant le fait et la perte, revêtu de la décision du ministre et visé pour l'exécution par le commissaire aux subsistances.

État de consommation, dressé par le comptable et revêtu de l'autorisation du commissaire aux subsistances de porter en sortie les matières et objets consommés.

Ordre du commissaire aux subsistances, relatant la décision du ministre ou du préfet maritime en vertu de laquelle a eu lieu la délivrance, et revêtu du récépissé de la partie prenante.

DÉSI- GNATION des services.	NATURE DES ENTRÉES ET DES SORTIES.
Service des vivres. (Suite.)	**Sorties réelles. (Suite.)** — **Sorties imputables aux frais généraux..... (Suite.)** : Consommations pour épreuves............... ; Déchets de magasin............... ; Sorties d'objets dont le classement a été changé par suite de réparations ou de modifications............... ; **Sorties d'objets, de denrées et de matières** { détruits............... ; démolis............... ; déclassés............... } ; Remises aux demaines de denrées, de matières et d'objets destinés à être vendus............... ; Déficits admis en compte............... ; Changements de classification............... ; Rectification d'évaluation...............
	Sorties d'ordre. — Envois aux magasins de Paris, aux autres ports et aux établissements situés hors des ports. (Mouvem" de comptable à comptable du même service.).............. ; Remises de service par suite de mutations de comptables. (Mouvements intérieurs.)..

vivres. (Suite.)

PIÈCES A PRODUIRE PAR LES COMPTABLES

A L'APPUI DE LEURS OPÉRATIONS À CHARGE OU À DÉCHARGE.

Extrait du procès-verbal de recette, revêtu de l'ordre de porter en sortie, donné par le commissaire aux subsistances.

Procès-verbal portant : 1° approbation du ministre; 2° ordre d'exécution du commissaire aux subsistances.

Certificat du chef de manutention, revêtu de l'ordre de régularisation du commissaire aux subsistances et de la déclaration de prise en charge des objets sous leur nouveau classement.

Procès-verbal de condamnation, approuvé par le ministre, et procès-verbal de destruction, revêtu de l'ordre de porter en sortie, donné par le commissaire aux subsistances.

Procès verbal de condamnation, approuvé par le ministre, et procès-verbal de démolition; le procès-verbal de condamnation revêtu de l'ordre de porter en sortie, donné par le commissaire aux subsistances, et de la déclaration de prise en charge des produits de la démolition.

Procès-verbal de condamnation portant : 1° approbation du ministre; 2° ordre d'exécution du commissaire aux subsistances; 3° déclaration de prise en charge des matières ou des objets sous leur nouveau classement.

Procès-verbal de condamnation, approuvé par le ministre, revêtu de l'ordre de versement du commissaire aux subsistances et du récépissé des agents des domaines.

Procès-verbal de recensement, approuvé par le ministre et revêtu de l'ordre d'exécution du commissaire aux subsistances.

Ordre du commissaire aux subsistances, revêtu de la déclaration de prise en charge, par le comptable, des matières ou des objets sous leur classification rectifiée.

Ordre du commissaire aux subsistances.

Ordre d'expédition du commissaire aux subsistances, revêtu du récépissé de l'agent chargé du transport ou du capitaine du bâtiment.

Procès-verbal constatant la remise de service.

DÉSIGNATION des services.	NATURE DES ENTRÉES ET DES SORTIES
Service de la justice maritime.	**Entrées réelles.** — *Entrées à charge de payement……* Livraisons par suite d'achats…………………… Cessions faites par des services étrangers à la marine et par des services de la marine…………………
	Entrées provenant de services dont la comptabilité est suivie sur inventaire particulier — Réintégration dans les magasins d'objets et d'effets en service…………………… Remises faites par le dépôt des échantillons et types……
	Produits divers dont la valeur vient en atténuation des frais généraux……… — Réintégration dans les magasins de matières, d'objets et d'effets enlevés en fraude et saisis…………… Sauvetages…………………… Recettes des matières employées aux épreuves des livraisons faites par les fournisseurs et rebutées ; produits et résidus des matières employées aux épreuves……… Entrées de matières, d'objets et d'effets déclassés, et de produits de démolition de matières, d'objets et d'effets en approvisionnement………………… Excédants constatés par recensement…………… Changements de classification…………… Rectification d'évaluation …………………
	Entrées d'ordre. — *Envois faits par les magasins de Paris, par les autres ports et par les établissements situés hors des ports, et envois directs par les fournisseurs d'objets dont la recette doit avoir lieu dans le port et la liquidation à Paris. (Mouvements de comptable à comptable du même service.)* ……………………
	Reprises de service par suite de mutations de comptables. (Mouvements intérieurs.)… ……………………

justice maritime.

PIÈCES A PRODUIRE PAR LES COMPTABLES

A L'APPUI DE LEURS OPÉRATIONS À CHARGE OU A DÉCHARGE.

Extrait du procès-verbal de recette, revêtu de l'ordre de réception du commissaire aux hôpitaux et de la déclaration de prise en charge du comptable.

Copie de la décision du ministre ou du préfet maritime qui a autorisé la cession, et ordre de réception du commissaire aux hôpitaux, revêtu de la déclaration de prise en charge du comptable.

Extrait du registre des procès-verbaux de visite, revêtu de l'ordre de réception du commissaire aux hôpitaux et de la déclaration de prise en charge du comptable.

Extrait du registre des procès-verbaux de visite, revêtu de l'ordre de réception du commissaire aux hôpitaux et de la déclaration de prise en charge du comptable.

Extrait du procès-verbal de la commission de recette, revêtu de l'ordre de réception du commissaire aux hôpitaux et de la déclaration de prise en charge du comptable.

Les pièces qui justifient la sortie des objets déclassés ou démolis.

Procès-verbal de recensement, revêtu, 1° de l'approbation du ministre; 2° de l'ordre d'exécution du commissaire aux hôpitaux; 3° de la déclaration de prise en charge du comptable.

La pièce qui justifie la sortie des objets dont la classification a été rectifiée.

Ordre du commissaire aux hôpitaux, revêtu de la déclaration de prise en charge du comptable.

Extrait du procès-verbal de recette, revêtu de l'ordre de réception du commissaire aux hôpitaux et de la déclaration de prise en charge du comptable.

Procès-verbal constatant la reprise de service.

DÉSI-GNATION des services.	NATURE DES ENTRÉES ET DES SORTIES.		
Service de la justice maritime. (Suite.)	Sorties réelles.	Sorties à charge de remboursement....	Cessions faites à des services étrangers à la marine.....
			——————— à des services de la marine..........
			Pertes et déficits mis à la charge des comptables et autres agents..............................
		Délivrances à des services dont la comptabilité est suivie sur inventaire particulier	Distributions et mises d'objets et d'effets en service....
			Délivrances faites au dépôt des échantillons et types....
		Sorties imputables aux frais généraux.....	Pertes par force majeure........................
			Consommations pour le service intérieur des magasins..
			Consommations pour épreuves....................
			Déchets de magasin............................
			Sorties d'objets, d'effets et de matières...... détruits...............
			démolis...............
			déclassés..............
			Remises aux domaines de matières, d'objets et d'effets destinés à être vendus.......................
			Déficits admis en compte.......................
			Changements de classification....................
			Rectification d'évaluation......................
	Sorties d'ordre.	Envois aux magasins de Paris, aux autres ports et aux étab" situés hors des ports. (Mouvem" de comptable à compt. du même service.)...	....
		Remises de service par suite de mutations de comptables. (Mouvements intérieurs.)...	....

justice maritime. (Suite.)

PIÈCES A PRODUIRE PAR LES COMPTABLES

À L'APPUI DE LEURS OPÉRATIONS À CHARGE OU À DÉCHARGE.

Ordre du commissaire aux hôpitaux, appuyé de la copie de la décision du ministre ou du préfet maritime qui a autorisé la cession, et revêtu du récépissé de la partie prenante.

Décision du ministre, appuyée du récépissé constatant le versement au Trésor du montant de l'imputation qui a été prescrite, ainsi que de l'ordre de régularisation du commissaire aux hôpitaux.

Certificat ou ordre du commissaire aux hôpitaux, revêtu du récépissé de la partie prenante.

Procès-verbal constatant le fait et la perte, revêtu de la décision du ministre et visé pour l'exécution par le commissaire aux hôpitaux.

État de consommation, dressé par le comptable et revêtu de l'autorisation du commissaire aux hôpitaux de porter en sortie les matières et objets consommés.

Extrait du procès-verbal de recette, revêtu de l'ordre de porter en sortie, donné par le commissaire aux hôpitaux.

Procès-verbal portant : 1° approbation du ministre ; 2° ordre d'exécution du commissaire aux hôpitaux.

Procès-verbal de condamnation, approuvé par le ministre, et procès-verbal de destruction, revêtu de l'ordre de porter en sortie, donné par le commissaire aux hôpitaux.

Procès-verbal de condamnation, approuvé par le ministre, et procès-verbal de démolition; le procès-verbal de condamnation revêtu de l'ordre de porter en sortie, donné par le commissaire aux hôpitaux, et de la déclaration de prise en charge des produits de la démolition.

Procès-verbal de condamnation portant : 1° approbation du ministre; 2° ordre d'exécution du commissaire aux hôpitaux; 3° déclaration de prise en charge des matières, des objets ou des effets sous leur nouveau classement.

Procès-verbal de condamnation, approuvé par le ministre, revêtu de l'ordre de versement du commissaire aux hôpitaux et du récépissé des agents des domaines.

Procès-verbal de recensement, approuvé par le ministre et revêtu de l'ordre d'exécution du commissaire aux hôpitaux.

Ordre du commissaire aux hôpitaux, revêtu de la déclaration de prise en charge, par le comptable, des matières, des effets ou des objets sous leur classification rectifiée.

Ordre du commissaire aux hôpitaux.

Ordre d'expédition du commissaire aux hôpitaux, revêtu du récépissé de l'agent chargé du transport ou du capitaine du bâtiment.

Procès-verbal constatant la remise de service.

Services des approvisionnements généraux de la flotte et des travaux

DÉSI-GNATION des services.	NATURE DES ENTRÉES ET DES SORTIES.		
Services des appro-visionne-ments généraux de la flotte et des travaux hydrau-liques et bâtiments civils. — 1re partie. Arsenaux.	Entrées réelles.	Entrées à charge de payement.........	Livraisons par suite d'achats......................
			Cessions faites par des services étrangers à la marine et par des services de la marine....................
		Produits de travaux exé-cutés dans les ateliers de la marine, et par des entrepreneurs..	Produits des transformations de matières et des confec-tions d'objets, et produits des extractions et des excava-tions faites par la marine........................
			Résidus des matières mises en œuvre...............
			Produits de réparations de navires et d'édifices, et d'ac-cessoires de coque, d'emménagement et d'ar-mement..
			—————de réparations, d'installations et de démontages d'objets divers en service......................
		Entrées provenant de services dont la comp-tabilité est suivie sur inventaire particu-lier.............	Remises faites par les bâtiments....................
			————— par le service des apparaux, machines, ustensiles et outils...............
			————— par les hôtels, bureaux et autres établisse-ments.
			————— par les équipages de la flotte et par les corps de troupes de la marine.......
			————— par les forts et batteries dépendant de la marine.........................
			————— par le service des sciences et arts mari-times.
			————— par le dépôt des échantillons et types....
			Reversements de matières et d'objets délivrés et non em-ployés pour des expériences ordonnées, ainsi que des produits et des résidus provenant des matières em-ployées à ces expériences............................
			Envois faits par les dépôts établis hors du territoire con-tinental..
			Réintégration dans les magasins de matières et d'objets prêtés...

hydrauliques et bâtiments civils.— 1ʳᵉ partie. *Arsenaux.*

PIÈCES A PRODUIRE PAR LES COMPTABLES

A L'APPUI DE LEURS OPÉRATIONS À CHARGE OU À DÉCHARGE.

Extrait du procès-verbal de recette, revêtu de l'ordre de réception du commissaire aux approvisionnements et de la déclaration de prise en charge du comptable.

Copie de la décision du ministre ou du préfet maritime qui a autorisé la cession, et ordre de réception du commissaire aux approvisionnements, revêtu de la déclaration de prise en charge du comptable; ou certificat du directeur, appuyé de la décision du ministre ou du préfet, et revêtu de l'ordre de réception du commissaire aux approvisionnements et de la déclaration de prise en charge du comptable.

Extrait du registre des procès-verbaux de recette ou état des objets confectionnés ou préparés, certifié par le directeur, vérifié et visé par le commissaire aux travaux, revêtu de l'ordre de réception du commissaire aux approvisionnements et de la déclaration de prise en charge du comptable.

Extrait du registre des procès-verbaux de visite, revêtu de l'ordre de réception du commissaire aux approvisionnements et de la déclaration de prise en charge du comptable.

Extrait du registre des procès-verbaux de visite ou de démolition, revêtu de l'ordre de réception du commissaire aux approvisionnements et de la déclaration de prise en charge du comptable.

10.

Services des approvisionnements généraux de la flotte et des travaux

DÉSIGNATION des services.	NATURE DES ENTRÉES ET DES SORTIES.		
Services des approvisionnements généraux de la flotte et des travaux hydrauliques et bâtiments civils. — 1re partie. Arsenaux. (Suite.)	Entrées réelles. (Suite.)	Produits divers dont la valeur vient en atténuation des frais généraux..........	Réintégration dans les magasins de matières et d'objets enlevés en fraude et saisis........... ——————— dans les magasins de matières et d'objets recueillis dans l'enceinte de l'arsenal............. Sauvetages................... Produits de démolition de navires et d'édifices........ Recettes des matières employées aux épreuves des livraisons faites par les fournisseurs et rebutées ; produits et résidus des matières employées aux épreuves........ Produits de réparations d'objets en approvisionnement.. Entrées d'objets dont le classement a été changé par suite de réparations ou de modifications.............. Entrées de matières et d'objets déclassés, et de produits de démolition de matières et d'objets en approvisionnement................ Excédants constatés par recensement.............. Changements de classification................... Rectification d'évaluation......................
	Entrées d'ordre.	Envois faits par les magasins de Paris, par les autres ports, par les établissements situés hors des ports, par les poudreries et par les manufactures d'armes du département de la guerre, et envois directs par les fournisseurs d'objets dont la recette doit avoir lieu dans le port et la liquidation à Paris. (Mouvements de comptable à comptable du même service.)..........	....

hydrauliques et bâtiments civils. — 1ʳᵉ partie. *Arsenaux.* (Suite.)

PIÈCES A PRODUIRE PAR LES COMPTABLES

À L'APPUI DE LEURS OPÉRATIONS À CHARGE OU À DÉCHARGE.

Extrait du registre des procès-verbaux de visite, revêtu de l'ordre de réception du commissaire aux approvisionnements et de la déclaration de prise en charge du comptable.

Extrait du procès-verbal de la commission de recette, revêtu de l'ordre de réception du commissaire aux approvisionnements et de la déclaration de prise en charge du comptable.

Extrait du procès-verbal de visite ou certificat du directeur, vérifié par le commissaire aux travaux, revêtu de l'ordre de régularisation du commissaire aux approvisionnements et de la déclaration de prise en charge du comptable.

Les pièces qui justifient la sortie des objets déclassés ou démolis.

Procès-verbal de recensement, revêtu, 1° de l'approbation du ministre; 2° de l'ordre d'exécution du commissaire aux approvisionnements; 3° de la déclaration de prise en charge du comptable.
La pièce qui justifie la sortie des objets dont la classification a été rectifiée.
Ordre du commissaire aux approvisionnements, revêtu de la déclaration de prise en charge du comptable.

Extrait du procès-verbal de recette, revêtu de l'ordre de réception du commissaire aux approvisionnements et de la déclaration de prise en charge du comptable.

DÉSI-GNATION des services.	NATURE DES ENTRÉES ET DES SORTIES.			
Services des approvisionnements généraux de la flotte et des travaux hydrauliques et bâtiments civils. — 1re partie. Arsenaux. (Suite.)	Entrées d'ordre. (Suite.)	Mouvements réciproques entre le garde-magasin général et les gardes-magasins particuliers des directions dont les dépenses s'imputent sur le même chapitre du budget, et mouvements entre ces gardes-magasins particuliers eux-mêmes. (Mouvements intérieurs.).........		
		Reprises de service par suite de mutations de comptables. (Mouvements intérieurs.)..		
	Sorties réelles.	Sorties à charge de remboursement.......	Cessions faites à des services étrangers à la marine.....	
			————— à des particuliers.................	
			————— à des services de la marine...........	
			Pertes et déficits mis à la charge des comptables et autres agents.................................	
		Emploi aux travaux...	Constructions, transformations, confections, réparations, etc.................................	
		Délivrances à des services dont la comptabilité est suivie sur inventaire particulier	Délivrances faites aux bâtiments.	Délivrances faites aux bâtiments.......
				Envois faits à des bâtiments en cours de campagne ou aux stations navales....
			Délivrances faites au service des apparaux, machines, ustensiles et outils.............	
			————— aux hôtels, bureaux et autres établissements......................	

<table>
<tr><th>PIÈCES A PRODUIRE PAR LES COMPTABLES
À L'APPUI DE LEURS OPÉRATIONS À CHARGE OU À DÉCHARGE.</th></tr>
</table>

Aucune pièce, les sorties balançant les entrées.

Procès-verbal constatant la reprise de service.

Ordre du commissaire aux approvisionnements, appuyé de la copie de la décision du ministre ou du préfet maritime qui a autorisé la cession, et revêtu du récépissé de la partie prenante.

Décision du ministre, appuyée du récépissé constatant le versement au Trésor du montant de l'imputation qui a été prescrite, ainsi que de l'ordre de régularisation du commissaire aux approvisionnements.

État certifié par le directeur, faisant connaître les matières délivrées, vérifié et visé par le commissaire aux travaux; ou copie du marché et ordre de délivrance du commissaire aux approvisionnements, revêtu du récépissé de l'entrepreneur ou de son représentant.

État dressé par le garde-magasin particulier, certifié par le directeur et revêtu de la déclaration du commissaire aux travaux, constatant que les matières et les objets y dénommés ont été portés à la charge des bâtiments sur leur inventaire respectif.

Ordre d'expédition du commissaire aux approvisionnements, revêtu du récépissé du capitaine du bâtiment chargé du transport.

Ordre de délivrance du directeur, revêtu du récépissé de la partie prenante.

DÉSI-GNATION des services.		NATURE DES ENTRÉES ET DES SORTIES.		
Services des approvisionnements généraux de la flotte et des travaux hydrauliques et bâtiments civils. — 1re partie. Arsenaux. (Suite.)	Sorties réelles. (Suite.)	Délivrances à des services dont la comptabilité est suivie sur inventaire particulier (Suite.)	Délivrances faites aux équipages de la flotte et aux corps de troupes de la marine.........	
			—————— aux forts et batteries dépendant de la marine.....................	
			—————— au service des sciences et arts maritimes......................	
			—————— au dépôt des échantillons et types...	
			Délivrances de matières et d'objets destinés aux expériences ordonnées..................	
			Envois faits à des dépôts établis hors du territoire continental.................................	
			Prêts.................................	
		Sorties imputables aux frais généraux.....	Pertes par force majeure.....................	
			Consommations pour le service intérieur des magasins..	
			Consommations pour épreuves..................	
			Déchets de magasins.....................	
			Déchets par suite de réparations..............	
			Sorties d'objets dont le classement a été changé par suite de réparations ou de modifications...............	
			Sorties d'objets et de matières	détruits...........
				démolis...........
				déclassés..........
			Remises aux domaines de matières et d'objets destinés à être vendus...........................	

<table>
<tr><td>

PIÈCES A PRODUIRE PAR LES COMPTABLES

À L'APPUI DE LEURS OPÉRATIONS À CHARGE OU À DÉCHARGE.

Ordre de délivrance du directeur, revêtu du récépissé de la partie prenante.

Ordre de délivrance du directeur, ou acte de réquisition de l'inspecteur en chef ou autre fonctionnaire chargé par le ministre d'une mission spéciale, et récépissé de la partie prenante.

Ordre d'expédition du commissaire aux approvisionnements, revêtu du récépissé du capitaine du bâtiment chargé du transport.

Copie de la décision du ministre ou du préfet maritime qui a autorisé le prêt, et ordre d'exécution du commissaire aux approvisionnements, revêtu du récépissé de la partie prenante.

Procès-verbal constatant le fait et la perte, revêtu de la décision du ministre et visé pour l'exécution par le commissaire aux approvisionnements.

État de consommation, dressé par le comptable et revêtu de l'autorisation du commissaire aux approvisionnements de porter en sortie les matières et objets consommés.

Extrait du procès-verbal de recette, revêtu de l'ordre de porter en sortie, donné par le commissaire aux approvisionnements.

Procès-verbal portant : 1° approbation du ministre; 2° ordre d'exécution du commissaire aux approvisionnements.

Certificat du directeur, vérifié par le commissaire aux travaux, revêtu de l'ordre de régularisation du commissaire aux approvisionnements.

Certificat du directeur, vérifié par le commissaire aux travaux, revêtu de l'ordre de régularisation du commissaire aux approvisionnements et de la déclaration de prise en charge des objets sous leur nouveau classement.

Procès-verbal de condamnation, approuvé par le ministre, et procès-verbal de destruction, revêtu de l'ordre de porter en sortie, donné par le commissaire aux approvisionnements.

Procès-verbal de condamnation, approuvé par le ministre, et procès-verbal de démolition; le procès-verbal de condamnation revêtu de l'ordre de porter en sortie, donné par le commissaire aux approvisionnements, et de la déclaration de prise en charge des produits de la démolition.

Procès-verbal de condamnation portant : 1° approbation du ministre; 2° ordre d'exécution du commissaire aux approvisionnements; 3° déclaration de prise en charge des matières ou des objets sous leur nouveau classement.

Procès-verbal de condamnation, approuvé par le ministre, revêtu de l'ordre de versement du commissaire aux approvisionnements et du récépissé des agents des domaines.

</td></tr>
</table>

Services des approvisionnements généraux de la flotte et des travaux

DÉSI-GNATION des services.	NATURE DES ENTRÉES ET DES SORTIES.		
Services des approvisionnements généraux de la flotte et des travaux hydrauliques et bâtiments civils. — 1re partie. Arsenaux. (Suite.)	Sorties réelles. (Suite.)	Sorties imputables aux frais généraux..... (Suite.)	Déficits admis en compte............... Changements de classification.............. Rectification d'évaluation..................
	Sorties d'ordre.	Envois aux magasins de Paris, aux autres ports, aux établissements situés hors des ports, aux poudreries et aux manufactures d'armes du département de la guerre. (Mouvem^{ts} de comptable à comptable du même service.)	....
		Mouvem^{ts} réciproques entre le garde-magasin général et les gardes-magasins particuliers des directions dont les dépenses s'imputent sur le même chapitre du budget, et mouvements entre ces gardes-magasins particuliers eux-mêmes. (Mouvements intérieurs.).........	....
		Remises de service par suite de mutations de comptables. (Mouvements intérieurs.)..	....

hydrauliques et bâtiments civils. — 1ʳᵉ partie. *Arsenaux.* (Suite.)

PIÈCES A PRODUIRE PAR LES COMPTABLES

L'APPUI DE LEURS OPÉRATIONS À CHARGE OU À DÉCHARGE.

Procès-verbal de recensement, approuvé par le ministre et revêtu de l'ordre d'exécution du commissaire aux approvisionnements.

Ordre du commissaire aux approvisionnements, revêtu de la déclaration de prise en charge, par le comptable, des matières ou des objets sous leur classification rectifiée.

Ordre du commissaire aux approvisionnements.

Ordre d'expédition du commissaire aux approvisionnements, revêtu du récépissé de l'agent chargé du transport ou du capitaine du bâtiment.

Aucune pièce, les entrées balançant les sorties.

Procès-verbal constatant la remise de service.

Services des approvisionnements généraux de la flotte et des travaux hydrauliques

DÉSIGNATION des services.	NATURE DES ENTRÉES ET DES SORTIES.
Services des approvisionnements généraux de la flotte et des travaux hydrauliques et bâtiments civils. — 2ᵉ partie. Indret, forges et fonderies.	**Entrées réelles.**

Entrées réelles.

- **Entrées à charge de payement.** . . . .
  - Livraisons par suite d'achats. . . . .
  - Cessions faites par des services étrangers à la marine et par des services de la marine . . . .

- **Produits de travaux exécutés dans les ateliers de la marine et par des entrepreneurs . .**
  - Produits des transformations de matières et des confections d'objets, et produits des extractions et des excavations faites par la marine. . . . .
  - Résidus des matières mises en œuvre. . . . .
  - Produits de réparations de navires et d'édifices, et d'accessoires de coque, d'emménagement et d'armement.
  - Produits de réparations, d'installations et de démontages d'objets divers en service. . . . .

- **Entrées provenant de services dont la comptabilité est suivie sur inventaire particulier . . . .**
  - Remises faites par les bâtiments. . . . .
  - —————— par le service des apparaux, machines, ustensiles et outils. . . . .
  - —————— par les hôtels, bureaux et autres établissements. . . . .
  - —————— par le service des sciences et arts maritimes. . . . .
  - —————— par le dépôt des échantillons et types. . . .
  - Reversements de matières et d'objets délivrés et non employés par des expériences ordonnées, ainsi que des produits et des résidus provenant des matières employées à ces expériences . . . .
  - Réintégration dans les magasins de matières et d'objets prêtés. . . . .

et bâtiments civils. — 2ᵉ partie. Indret, forges et fonderies.

PIÈCES A PRODUIRE PAR LES COMPTABLES

A L'APPUI DE LEURS OPÉRATIONS A CHARGE OU A DÉCHARGE.

Extrait du procès-verbal de recette, revêtu de l'ordre de réception de l'agent chargé des détails administratifs et de la déclaration de prise en charge du comptable.

Copie de la décision du ministre ou du directeur qui a autorisé la cession, et ordre de réception de l'agent chargé des détails administratifs, revêtu de la déclaration de prise en charge du comptable, ou certificat du sous-directeur, appuyé de la décision du ministre ou du directeur, et revêtu de l'ordre de réception de l'agent chargé des détails administratifs et de la déclaration de prise en charge du comptable.

Extrait du registre des procès-verbaux de recette, ou état des objets confectionnés ou préparés, certifié par le sous-directeur, revêtu de l'ordre de réception de l'agent chargé des détails administratifs et de la déclaration de prise en charge du comptable.

Extrait du registre des procès-verbaux de visite, revêtu de l'ordre de réception de l'agent chargé des détails administratifs et de la déclaration de prise en charge du comptable.

Extrait du registre des procès-verbaux de visite ou de démolition, revêtu de l'ordre de réception de l'agent chargé des détails administratifs et de la déclaration de prise en charge du comptable.

Services des approvisionnements généraux de la flotte et des travaux hydrauliques

DÉSIGNATION des services.	NATURE DES ENTRÉES ET DES SORTIES.		
Services des approvisionnements généraux de la flotte et des travaux hydrauliques et bâtiments civils. ——— 2ᵉ partie. Indret, forges et fonderies. (Suite.)	Entrées réelles. (Suite.)	Produits divers dont la valeur vient en atténuation des frais généraux..........	Réintégration dans les magasins de matières et d'objets enlevés en fraude et saisis........... ———— dans les magasins de matières et d'objets recueillis dans l'enceinte de l'établissement........ Sauvetages.............................. Produits de démolition de navires et d'édifices........ Recettes des matières employées aux épreuves des livraisons faites par les fournisseurs et rebutées ; produits et résidus des matières employées aux épreuves........ Produits de réparation d'objets en approvisionnement.. Entrées d'objets dont le classement a été changé par suite de réparations ou de modifications .... Entrées de matières et d'objets déclassés, et de produits de démolition de matières et d'objets en approvisionnement............................... Excédants constatés par recensement............. Changements de classification................... Rectification d'évaluation.......................
	Entrées d'ordre.	Envois faits par les magasins de Paris, par les ports, par les autres établissements situés hors des ports, par les poudreries et par les manufactures d'armes du département de la guerre, et envois directs par les fournisseurs d'objets dont la recette doit avoir lieu à Indret ou dans les forges et fonderies, et la liquidation à Paris. (Mouvements de comptable à comptable du même service.)..........	....

bâtiments civils. — 2° partie. *Indret, forges et fonderies.* (Suite.)

PIÈCES A PRODUIRE PAR LES COMPTABLES

À L'APPUI DE LEURS OPÉRATIONS À CHARGE OU À DÉCHARGE.

Extrait du registre des procès-verbaux de visite, revêtu de l'ordre de réception de l'agent chargé des détails administratifs et de la déclaration de prise en charge du comptable.

Extrait du procès-verbal de la commission de recette, revêtu de l'ordre de réception de l'agent chargé des détails administratifs et de la déclaration de prise en charge du comptable.

Extrait du procès-verbal de visite ou certificat du sous-directeur, revêtu de l'ordre de régularisation de l'agent chargé des détails administratifs et de la déclaration de prise en charge du comptable.

Les pièces qui justifient la sortie des objets déclassés ou démolis.

Procès-verbal de recensement, revêtu, 1° de l'approbation du ministre; 2° de l'ordre d'exécution de l'agent chargé des détails administratifs; 3° de la déclaration de prise en charge du comptable.
La pièce qui justifie la sortie des objets dont la classification a été rectifiée.
Ordre de l'agent chargé des détails administratifs, revêtu de la déclaration de prise en charge du comptable.

Extrait du procès-verbal de recette, revêtu de l'ordre de réception de l'agent chargé des détails administratifs et de la déclaration de prise en charge du comptable.

Services des approvisionnements généraux de la flotte et des travaux hydrauliques

DÉSIGNATION des services.	NATURE DES ENTRÉES ET DES SORTIES.
Services des approvisionnements généraux de la flotte et des travaux hydrauliques et bâtiments civils. — 2ᵉ partie. Indret, forges et fonderies. (Suite.)	**Entrées d'ordre. (Suite.)** — Reprises de service par suite de mutations de comptables. (Mouvements intérieurs.).. . . . . **Sorties réelles.** Sorties à charge de remboursement. . . . — Cessions faites à des services étrangers à la marine. . . . . — à des particuliers. . . . . — à des services de la marine. . . . . — Pertes et déficits mis à la charge des comptables et autres agents. . . . . Emploi aux travaux. . . — Constructions, transformations, confections, réparations, etc. . . . . Délivrances à des services dont la comptabilité est suivie sur inventaire particulier. . . . . — Délivrances faites aux bâtiments. — Délivrances faites aux bâtiments. . . . . . . / Envois faits à des bâtiments en cours de campagne ou aux stations navales. . . . . Délivrances faites au service des apparaux, machines, ustensiles et outils. . . . . — aux hôtels, bureaux et autres établissements. . . . . — au service des sciences et arts maritimes. . . . . — au dépôt des échantillons et types. . . . Délivrances de matières et d'objets destinés aux expériences ordonnées. . . . . Envois faits à des dépôts établis hors du territoire continental. . . . . Prêts. . . . .

bâtiments civils. — 2ᵉ partie. Indret, forges et fonderies. (Suite.)

PIÈCES A PRODUIRE PAR LES COMPTABLES

A L'APPUI DE LEURS OPÉRATIONS A CHARGE OU À DÉCHARGE.

Procès-verbal constatant la reprise de service.

Ordre de l'agent chargé des détails administratifs, appuyé de la copie de la décision du ministre ou du directeur qui a autorisé la cession, et revêtu du récépissé de la partie prenante.

Décision du ministre, appuyée du récépissé constatant le versement au Trésor du montant de l'imputation qui a été prescrite, ainsi que de l'ordre de régularisation de l'agent chargé des détails administratifs.

État certifié par le sous-directeur, faisant connaître les matières délivrées, vérifié et visé par l'agent chargé des détails administratifs; ou copie du marché et ordre de délivrance de l'agent chargé des détails administratifs, revêtu du récépissé de l'entrepreneur ou de son représentant.

État dressé par le garde-magasin, certifié par le sous-directeur et revêtu de la déclaration de l'agent chargé des détails administratifs, constatant que les matières et les objets y dénommés ont été portés à la charge des bâtiments sur leur inventaire respectif.

Ordre d'expédition de l'agent chargé des détails administratifs, revêtu du récépissé du capitaine du bâtiment chargé du transport.

Ordre de délivrance du sous-directeur, revêtu du récépissé de la partie prenante.

Ordre de délivrance du sous-directeur ou acte de réquisition de l'inspecteur ou autre fonctionnaire chargé par le ministre d'une mission spéciale, et récépissé de la partie prenante.

Ordre d'expédition de l'agent chargé des détails administratifs, revêtu du récépissé du capitaine du bâtiment chargé du transport.

Copie de la décision du ministre ou du directeur qui a autorisé le prêt, et ordre d'exécution de l'agent chargé des détails administratifs, revêtu du récépissé de la partie prenante.

Services des approvisionnements généraux de la flotte et des travaux hydrauliques

DÉSIGNATION des services.	NATURE DES ENTRÉES ET DES SORTIES.		
Services des approvisionnements généraux de la flotte et des travaux hydrauliques et bâtiments civils. — 2ᵉ partie. Indret, forges et fonderies. (Suite.)	Sorties réelles. (Suite.)	Sorties imputables aux frais généraux.	Pertes par force majeure........................
			Consommations pour le service intérieur des magasins.
			Consommations pour épreuves..................
			Déchets de magasin...........................
			Déchets par suite de réparations...............
			Sorties d'objets dont le classement a été changé par suite de réparations ou de modifications..............
			Sorties d'objets et de matières..... { détruits......... démolis........ déclassés.......
			Remises aux domaines de matières et d'objets destinés à être vendus......................................
			Déficits admis en compte......................
			Changements de classification...................
			Rectification d'évaluation.......................
	Sorties d'ordre.		Envois aux magasins de Paris, aux ports, aux autres établissements situés hors des ports, aux poudreries et aux manufactures d'armes du département de la guerre. (Mouvemᵗ de comptable à comptable du même service.)....
			Remises de service par suite de mutations de comptables. (Mouvements intérieurs.)..

et bâtiments civils. — 2ᵉ partie. Indret, forges et fonderies. (Suite.)

PIÈCES A PRODUIRE PAR LES COMPTABLES

À L'APPUI DE LEURS OPÉRATIONS À CHARGE OU A DÉCHARGE.

Procès-verbal constatant le fait et la perte, revêtu de la décision du ministre et visé pour l'exécution par l'agent chargé des détails administratifs.

État de consommation, dressé par le comptable et revêtu de l'autorisation de l'agent chargé des détails administratifs de porter en sortie les matières et objets consommés.

Extrait du procès-verbal de recette, revêtu de l'ordre de porter en sortie, donné par l'agent chargé des détails administratifs.

Procès-verbal portant : 1° approbation du ministre; 2° ordre d'exécution de l'agent chargé des détails administratifs.

Certificat du sous-directeur, revêtu de l'ordre de régularisation, donné par l'agent chargé des détails adm^{tifs}.

Certificat du sous-directeur, revêtu de l'ordre de régularisation de l'agent chargé des détails administratifs et de la déclaration de prise en charge des objets sous leur nouveau classement.

Procès-verbal de condamnation, approuvé par le ministre, et procès-verbal de destruction, revêtu de l'ordre de porter en sortie, donné par l'agent chargé des détails administratifs.

Procès-verbal de condamnation, approuvé par le ministre, et procès-verbal de démolition; le procès-verbal de condamnation revêtu de l'ordre de porter en sortie, donné par l'agent chargé des détails administratifs, et de la déclaration de prise en charge des produits de la démolition.

Procès-verbal de condamnation portant : 1° approbation du ministre; 2° ordre d'exécution donné par l'agent chargé des détails administratifs; 3° déclaration de prise en charge des matières ou des objets sous leur nouveau classement.

Procès-verbal de condamnation, approuvé par le ministre, revêtu de l'ordre de versement de l'agent chargé des détails administratifs et du récépissé des agents des domaines.

Procès-verbal de recensement, approuvé par le ministre et revêtu de l'ordre d'exécution de l'agent chargé des détails administratifs.

Ordre de l'agent chargé des détails administratifs, revêtu de la déclaration de prise en charge, par le comptable, des matières ou des objets sous leur classification rectifiée.

Ordre de l'agent chargé des détails administratifs.

Ordre d'expédition de l'agent chargé des détails administratifs, revêtu du récépissé de l'agent chargé du transport ou du capitaine du bâtiment.

Procès-verbal constatant la remise de service.

DÉSI-GNATION des services.	NATURE DES ENTRÉES ET DES SORTIES.		
Service des poudres.	Entrées réelles.	Entrées à charge de payement.........	Livraisons par suite d'achats.....................
			Cessions faites par des services étrangers à la marine et par des services de la marine....................
		Produits divers dont la valeur vient en atténuation des frais généraux...........	Réintégration dans les magasins de poudres et d'ustensiles enlevés en fraude et saisis..................
			Sauvetages.....................................
			Entrées de poudres et d'ustensiles déclassés, et de produits de démolition, de poudres et d'ustensiles en approvisionnement.................................
			Excédants constatés par recensement..............
			Changements de classification.......:..........
			Rectification d'évaluation......................
	Entrées d'ordre.	Envois faits par les magasins de Paris, par les autres ports, par les établissements situés hors des ports et par les poudreries du département de la guerre. (Mouvements de comptable à comptable du même service.)...........	....
		Reprises de service par suite de mutations de comptables. (Mouvements intérieurs.)..	....

es poudres.

PIÈCES A PRODUIRE PAR LES COMPTABLES

À L'APPUI DE LEURS OPÉRATIONS À CHARGE OU À DÉCHARGE.

Extrait du procès-verbal de recette, revêtu de l'ordre de réception du commissaire aux approvisionnements et de la déclaration de prise en charge du comptable.

Copie de la décision du ministre ou du préfet maritime qui a autorisé la cession, et ordre de réception du commissaire aux approvisionnements, revêtu de la déclaration de prise en charge du comptable.

Extrait du registre des procès-verbaux de visite, revêtu de l'ordre de réception du commissaire aux approvisionnements et de la déclaration de prise en charge du comptable.

Les pièces qui justifient la sortie des poudres ou des ustensiles déclassés et démolis.

Procès-verbal de recensement, revêtu, 1° de l'approbation du ministre; 2° de l'ordre d'exécution du commissaire aux approvisionnements; 3° de la déclaration de prise en charge du comptable.

La pièce qui justifie la sortie des poudres ou des ustensiles dont la classification a été rectifiée.

Ordre du commissaire aux approvisionnements, revêtu de la déclaration de prise en charge du comptable.

Extrait du procès-verbal de recette, revêtu de l'ordre de réception du commissaire aux approvisionnements et de la déclaration de prise en charge du comptable.

Procès-verbal constatant la reprise de service.

DÉSIGNATION des services.	NATURE DES ENTRÉES ET DES SORTIES.		
Service des poudres. *(Suite.)*	**Sorties réelles.**	Sorties à charge de remboursement.......	Cessions faites à des services étrangers à la marine....
			———————— à des particuliers................
			———————— à des services de la marine..........
			Pertes et déficits mis à la charge des comptables et autres agents...................................
		Sorties imputables aux frais généraux.....	Pertes par force majeure.......................
			Déchets de magasin...........................
			Sorties d'ustensiles et de poudres.. { détruits........ ; démolis........ ; déclassés,.......
			Remises aux domaines d'ustensiles destinés à être vendus.
			Déficits admis en compte.....................
			Changements de classification.................
			Rectification d'évaluation.....................
	Sorties d'ordre.	Envois aux magasins de Paris, aux autres ports, aux établissements situés hors des ports et aux poudreries du département de la guerre. (Mouvements de comptable à comptable du même service.).........	....
		Remises de service par suite de mutations de comptables. (Mouvements intérieurs.)..	....

es poudres. (Suite.)

PIÈCES A PRODUIRE PAR LES COMPTABLES

À L'APPUI DE LEURS OPÉRATIONS À CHARGE OU À DÉCHARGE.

Ordre du commissaire aux approvisionnements, appuyé de la décision du ministre ou du préfet maritime qui a autorisé la cession, et revêtu du récépissé de la partie prenante.

Décision du ministre, appuyée du récépissé constatant le versement au Trésor du montant de l'imputation qui a été prescrite, ainsi que de l'ordre de régularisation du commissaire aux approvisionnements.

Procès-verbal constatant le fait et la perte, revêtu de la décision du ministre et visé pour l'exécution par le commissaire aux approvisionnements.

Procès-verbal portant : 1° approbation du ministre; 2° ordre d'exécution du commissaire aux approvisionnements.

Procès-verbal de condamnation approuvé par le ministre, et procès-verbal de destruction, revêtu de l'ordre de porter en sortie donné par le commissaire aux approvisionnements.

Procès-verbal de condamnation, approuvé par le ministre, et procès-verbal de démolition; le procès-verbal de condamnation revêtu de l'ordre de porter en sortie, donné par le commissaire aux approvisionnements, et de la déclaration de prise en charge des produits de la démolition.

Procès-verbal de condamnation portant : 1° approbation du ministre; 2° ordre d'exécution du commissaire aux approvisionnements; 3° déclaration de prise en charge des poudres ou des ustensiles sous leur nouveau classement.

Procès-verbal de condamnation, approuvé par le ministre, revêtu de l'ordre de versement du commissaire aux approvisionnements et du récépissé des agents des domaines.

Procès-verbal de recensement, approuvé par le ministre et revêtu de l'ordre d'exécution du commissaire aux approvisionnements.

Ordre du commissaire aux approvisionnements, revêtu de la déclaration de prise en charge, par le comptable, des poudres ou des ustensiles sous leur classification rectifiée.

Ordre du commissaire aux approvisionnements.

Ordre d'expédition du commissaire aux approvisionnements, revêtu du récépissé de l'agent chargé du transport ou du capitaine du bâtiment.

Procès-verbal constatant la remise de service.

DÉSI-GNATION des services.	NATURE DES ENTRÉES ET DES SORTIES.		
Service des chiourmes	Entrées réelles.	Entrées à charge de payement.........	Livraisons par suite d'achats.....................
			Cessions faites par des services étrangers à la marine et par des services de la marine.....................
		Produits de transfor-mations.........	Produits de transformations.....................
			Résidus de matières mises en œuvre...............
			Produits de réparations, d'installations et de démontages d'objets divers en service.....................
		Entrées provenant de services dont la comp-tabilité est suivie sur inventaire particulier	Remises faites par les salles du bagne..............
			———— par le dépôt des échantillons et types....
			Reversements de matières délivrées et non employées pour des expériences ordonnées, ainsi que des produits et des résidus provenant de matières employées à ces expériences.....................
		Produits divers dont la valeur vient en atté-nuation des frais gé-néraux..........	Réintégration dans les magasins de matières et d'objets enlevés en fraude et saisis.....................
			Sauvetages.....................
			Recettes des matières employées aux épreuves des livrai-sons faites par les fournisseurs et rebutées; produits et résidus des matières employées aux épreuves........
			Entrées d'objets dont le classement a été changé par suite de réparations ou de modifications..............
			Entrées de matières et d'objets déclassés et de produits de démolition de matières et d'objets en approvision-nement.....................
			Excédants constatés par recensement...............
			Changements de classification.....................
			Rectification d'évaluation.....................

hiourmes.

PIÈCES A PRODUIRE PAR LES COMPTABLES

À L'APPUI DE LEURS OPÉRATIONS À CHARGE OU A DÉCHARGE.

Extrait du procès-verbal de recette, revêtu de l'ordre de réception du commissaire aux chiourmes et de la déclaration de prise en charge du comptable.

Copie de la décision du ministre ou du préfet maritime qui a autorisé la cession, et ordre de réception du commissaire aux chiourmes, revêtu de la déclaration de prise en charge du comptable.

État des objets confectionnés, certifié par l'officier du commissariat chargé de la surveillance des transformations, revêtu de l'ordre de réception du commissaire aux chiourmes et de la déclaration de prise en charge du comptable.

Extrait du registre des procès-verbaux de visite, revêtu de l'ordre de réception du commissaire aux chiourmes et de la déclaration de prise en charge du comptable.

Extrait du registre des procès-verbaux de visite ou de démolition, revêtu de l'ordre de réception du commissaire aux chiourmes et de la déclaration de prise en charge du comptable.

Extrait du registre des procès-verbaux de visite, revêtu de l'ordre de réception du commissaire aux chiourmes et de la déclaration de prise en charge du comptable.

Extrait du procès-verbal de la commission de recette, revêtu de l'ordre de réception du commissaire aux chiourmes et de la déclaration de prise en charge du comptable.

Les pièces qui justifient la sortie des objets déclassés ou démolis.

Procès-verbal de recensement, revêtu, 1° de l'approbation du ministre; 2° de l'ordre d'exécution du commissaire aux chiourmes; 3° de la déclaration de prise en charge du comptable.

La pièce qui justifie la sortie des objets dont la classification a été rectifiée.

Ordre du commissaire aux chiourmes, revêtu de la déclaration de prise en charge du comptable.

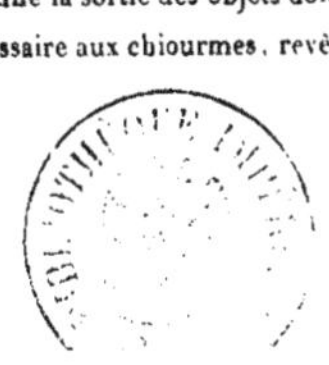

DÉSI-GNATION des services.		NATURE DES ENTRÉES ET DES SORTIES.	
Service des chiourmes (Suite.)	Entrées d'ordre.	Envois faits par les magasins de Paris, par les autres ports et par les établissements situés hors des ports, et envois directs par les fournisseurs d'objets dont la recette doit avoir lieu dans le port, et la liquidation à Paris. (Mouvements de comptable à comptable du même service.)............	
		Reprises de service par suite de mutations de comptables. (Mouvements intérieurs.)..	
	Sorties réelles.	Sorties à charge de remboursement.......	Cessions faites à des services étrangers à la marine....
			———— à des particuliers...............
			———— à des services de la marine..........
			Pertes et déficits mis à la charge des comptables et autres agents................................
		Emploi aux travaux...	— Transformations, réparations, entretien, etc........
		Délivrances à des services dont la comptabilité est suivie sur inventaire particulier	Délivrances faites aux salles du bagne..............
			———— au dépôt des échantillons et types........
			———— de matières destinées aux expériences ordonnées.............................

PIÈCES A PRODUIRE PAR LES COMPTABLES

A L'APPUI DE LEURS OPÉRATIONS A CHARGE OU A DÉCHARGE.

Extrait du procès-verbal de recette, revêtu de l'ordre de réception du commissaire aux chiourmes et de la déclaration de prise en charge du comptable.

Procès-verbal constatant la reprise de service.

Ordre du commissaire aux chiourmes, appuyé de la copie de la décision du ministre ou du préfet maritime qui a autorisé la cession, et revêtu du récépissé de la partie prenante.

Décision du ministre, appuyée du récépissé constatant le versement au Trésor du montant de l'imputation qui a été prescrite, ainsi que de l'ordre de régularisation du commissaire aux chiourmes.

État, certifié par l'officier du commissariat chargé de la surveillance des transformations, faisant connaitre les matières délivrées, vérifié et visé par le commissaire aux chiourmes.

Ordre de délivrance du commissaire aux chiourmes, revêtu du récépissé de la partie prenante.

Ordre de délivrance du commissaire aux chiourmes, ou acte de réquisition de l'inspecteur en chef ou autre fonctionnaire chargé par le ministre d'une mission spéciale, et récépissé de la partie prenante.

13.

DÉSI-GNATION des services.	NATURE DES ENTRÉES ET DES SORTIES.		
Service des chiourmes (Suite.)	Sorties réelles. (Suite.)	Sorties imputables aux frais généraux	Pertes par force majeure........................
			Consommations pour le service intérieur du bagne.....
			Consommations pour épreuves....................
			Déchets de magasin........................
			Sorties d'objets dont le classement a été changé par suite de réparations ou de modifications................
		Sorties d'objets et de matières.........	détruits.................
			démolis.................
			déclassés................
			Remises aux domaines de matières et d'objets destinés à être vendus..............................
			Déficits admis en compte........................
			Changements de classification ....
			Rectification d'évaluation.......................
	Sorties d'ordre.	Envois aux magasins de Paris, aux autres ports et aux établissements situés hors des ports. (Mouvem^{ents} de comptable à comptable du même service.).....	....
		Remises de service par suite de mutations de comptables. (Mouvements intérieurs.)..	....

chiourmes. (Suite.)

PIÈCES A PRODUIRE PAR LES COMPTABLES

À L'APPUI DE LEURS OPÉRATIONS À CHARGE OU À DÉCHARGE.

Procès-verbal constatant le fait et la perte, revêtu de la décision du ministre et visé pour l'exécution par le commissaire aux chiourmes.

État de consommation dressé par le comptable et revêtu de l'autorisation du commissaire aux chiourmes de porter en sortie les matières et objets consommés.

Extrait du procès-verbal de recette, revêtu de l'ordre de porter en sortie donné par le commissaire aux chiourmes.

Procès-verbal portant: 1° approbation du ministre; 2° ordre d'exécution du commissaire aux chiourmes.

Certificat de l'agent comptable, revêtu de l'ordre de régularisation du commissaire aux chiourmes et de la déclaration de prise en charge des objets sous leur nouveau classement.

Procès-verbal de condamnation, approuvé par le ministre, et procès-verbal de destruction, revêtu de l'ordre de porter en sortie, donné par le commissaire aux chiourmes.

Procès-verbal de condamnation, approuvé par le ministre, et procès-verbal de démolition; le procès-verbal de condamnation revêtu de l'ordre de porter en sortie, donné par le commissaire aux chiourmes, et de la déclaration de prise en charge des produits de la démolition.

Procès-verbal de condamnation portant: 1° approbation du ministre; 2° ordre d'exécution du commissaire aux chiourmes; 3° déclaration de prise en charge des matières ou des objets sous leur nouveau classement.

Procès-verbal de condamnation, approuvé par le ministre, revêtu de l'ordre de versement du commissaire aux chiourmes et du récépissé des agents des domaines.

Procès-verbal de recensement, approuvé par le ministre et revêtu de l'ordre d'exécution du commissaire aux chiourmes.

Ordre du commissaire aux chiourmes, revêtu de la déclaration de prise en charge, par le comptable, des matières ou des objets sous leur classification rectifiée.

Ordre du commissaire aux chiourmes.

Ordre d'expédition du commissaire aux chiourmes, revêtu du récépissé de l'agent chargé du transport ou du capitaine du bâtiment.

Procès-verbal constatant la remise du service.

DÉSI-GNATION des services.	NATURE DES ENTRÉES ET DES SORTIES.		
Service du chauffage, de l'éclairage et des fournitures de bureau.	Entrées réelles.	Entrées à charge de payement.........	Livraisons par suite d'achats....................
			Cessions faites par des services étrangers à la marine et par des services de la marine...................
		Entrées provenant de services dont la comptabilité est suivie sur inventaire particulier.............	Remises faites par les hôtels, bureaux et autres établissements.....................
			————— par les corps de garde de la marine.....
			————— par le dépôt des échantillons et types...
		Produits divers dont la valeur vient en atténuation des frais généraux..........	Réintégration dans les magasins de combustibles et d'objets enlevés en fraude et saisis.................
			Remises, par les divers services, des vieux registres, papiers et documents réformés...................
			Recettes des combustibles employés aux épreuves des livraisons faites par les fournisseurs et rebutées. Produits et résidus des combustibles employés aux épreuves.
			Entrées de combustibles et d'objets déclassés et de produits de démolition de combustibles et d'objets en approvisionnement...........................
			Excédants constatés par recensement..............
			Changements de classification....................
			Rectification d'évaluation........................

et des fournitures de bureau.

PIÈCES A PRODUIRE PAR LES COMPTABLES

A L'APPUI DE LEURS OPÉRATIONS À CHARGE OU À DÉCHARGE.

Extrait du procès-verbal de recette, revêtu de l'ordre de réception du commissaire aux approvisionnements et de la déclaration de prise en charge du comptable.

Copie de la décision du ministre ou du préfet maritime qui a autorisé la cession, et ordre de réception du commissaire aux approvisionnements, revêtu de la déclaration de prise en charge du comptable.

Extrait du procès-verbal de visite, revêtu de l'ordre de réception du commissaire aux approvisionnements et de la déclaration de prise en charge du comptable.

Extrait du procès-verbal de visite, revêtu de l'ordre de réception du commissaire aux approvisionnements et de la déclaration de prise en charge du comptable.

Extrait du procès-verbal de la commission de recette, revêtu de l'ordre de réception du commissaire aux approvisionnements et de la déclaration de prise en charge du comptable.

Les pièces qui justifient la sortie des objets déclassés ou démolis.

Procès-verbal de recensement, revêtu, 1° de l'approbation du ministre; 2° de l'ordre d'exécution du commissaire aux approvisionnements; 3° de la déclaration de prise en charge du comptable.

La pièce qui justifie la sortie des objets dont la classification a été rectifiée.

Ordre du commissaire aux approvisionnements, revêtu de la déclaration de prise en charge du comptable.

DÉSI-GNATION des services.	NATURE DES ENTRÉES ET DES SORTIES.	
Service du chauffage, de l'éclairage et des fournitures de bureau. (Suite.)	**Entrées d'ordre.** Envois faits par les magasins de Paris, par les autres ports et par les établissements situés hors des ports, et envois directs par les fournisseurs d'objets dont la recette doit avoir lieu dans le port et la liquidation à Paris. (Mouvements de comptable à comptable du même service.)	. . . .
	Reprises de service par suite de mutations de comptables. (Mouvements intérieurs.) . .	. . . .
	Sorties réelles. Sorties à charge de remboursement. . . .	Cessions faites à des services étrangers à la marine. . . .
		————— à des particuliers. . . . .
		————— à des services de la marine. . . . .
		Pertes et déficits mis à la charge des comptables et autres agents. . . . .
	Délivrances à des services dont la comptabilité est suivie sur inventaire particulier	Délivrances faites aux hôtels, bureaux et autres établissements . . . .
		————— aux corps de garde de la marine. . . .
		————— au dépôt des échantillons et types. . .

et des fournitures de bureau. (Suite.)

PIÈCES A PRODUIRE PAR LES COMPTABLES

À L'APPUI DE LEURS OPÉRATIONS À CHARGE OU À DÉCHARGE.

Extrait du procès-verbal de recette, revêtu de l'ordre de réception du commissaire aux approvisionnements et de la déclaration de prise en charge du comptable.

Procès-verbal constatant la reprise de service.

Ordre du commissaire aux approvisionnements, appuyé de la copie de la décision du ministre ou du préfet maritime qui a autorisé la cession, et revêtu du récépissé de la partie prenante.

Décision du ministre, appuyée du récépissé constatant le versement au Trésor du montant de l'imputation qui a été prescrite, ainsi que de l'ordre de régularisation du commissaire aux approvisionnements.

Ordre de délivrance du commissaire aux approvisionnements, revêtu du récépissé de la partie prenante.

14

DÉSIGNATION des services.	NATURE DES ENTRÉES ET DES SORTIES.
Service du chauffage, de l'éclairage et des fournitures de bureau. (Suite.)	**Sorties réelles. (Suite.)** — Sorties imputables aux frais généraux..... : Pertes par force majeure.................. ; Consommations pour le service intérieur des magasins.. ; Consommations pour épreuves.................. ; Déchets de magasin.................. ; Sorties d'objets et de combustibles { détruits........ ; démolis........ ; déclassés........ } ; Remises aux domaines de combustibles et d'objets destinés à être vendus.................. ; Déficits admis en compte.................. ; Changements de classification.................. ; Rectification d'évaluation..................
	Sorties d'ordre. — Envois aux magasins de Paris, aux autres ports et aux établissements situés hors des ports. (Mouvem^ts de comptable à comptable du même service.)..... .... ; Remises de service par suite de mutations de comptables. (Mouvements intérieurs.).. ....

et des fournitures de bureau. (Suite.)

PIÉCES A PRODUIRE PAR LES COMPTABLES

A L'APPUI DE LEURS OPÉRATIONS A CHARGE OU À DÉCHARGE.

Procès-verbal constatant le fait et la perte, revêtu de la décision du ministre et visé pour l'exécution par le commissaire aux approvisionnements.

État de consommation, dressé par le comptable et revêtu de l'autorisation du commissaire aux approvisionnements de porter en sortie les combustibles et objets consommés.

Extrait du procès-verbal de recette, revêtu de l'ordre de porter en sortie, donné par le commissaire aux approvisionnements.

Procès-verbal portant : 1° approbation du ministre ; 2° ordre d'exécution du commissaire aux approvisionnements.

Procès-verbal de condamnation, approuvé par le ministre, et procès-verbal de destruction, revêtu de l'ordre de porter en sortie, donné par le commissaire aux approvisionnements.

Procès-verbal de condamnation, approuvé par le ministre, et procès-verbal de démolition ; le procès-verbal de condamnation revêtu de l'ordre de porter en sortie, donné par le commissaire aux approvisionnements, et de la déclaration de prise en charge des produits de la démolition.

Procès-verbal de condamnation portant : 1° approbation du ministre ; 2° ordre d'exécution du commissaire aux approvisionnements ; 3° déclaration de prise en charge des combustibles ou des objets sous leur nouveau classement.

Procès-verbal de condamnation, approuvé par le ministre, revêtu de l'ordre de versement du commissaire aux approvisionnements et du récépissé des agents des domaines.

Procès-verbal de recensement, approuvé par le ministre et revêtu de l'ordre d'exécution du commissaire aux approvisionnements.

Ordre du commissaire aux approvisionnements, revêtu de la déclaration de prise en charge, par le comptable, des combustibles ou des objets sous leur classification rectifiée.

Ordre du commissaire aux approvisionnements.

Ordre d'expédition du commissaire aux approvisionnements, revêtu du récépissé de l'agent chargé du transport ou du capitaine du bâtiment.

Procès-verbal constatant la remise de service.

DÉSI-GNATION des services.	NATURE DES ENTRÉES ET DES SORTIES.			
Tous les services.	Entrées réelles.	Produits divers dont la valeur vient en atté-nuation des frais gé-néraux.	Entrées de matières, d'objets déclassés et de produits de démolition d'objets transportés.	
			Excédants constatés lors de la réception des matières et des objets à destination.	
			Changements de classification.	
			Rectification d'évaluation.	
	Entrées d'ordre.	Envois faits par les ma-gasins de Paris, par les autres ports et par les établissements si-tués hors des ports. .	Mouvements de comptable à comptable du même ser-vice.	
	Sorties réelles.	Sorties à charge de rem-boursement.	Pertes et déficits mis à la charge de l'officier ou de l'a-gent chargé du transport.	
		Sorties imputables aux frais généraux.	Pertes par force majeure.	
			Sorties d'objets et de matières.	détruits. . . . .
				démolis. . . . .
				déclassés. . . . . . .
			Déficits admis en compte.	
			Changements de classification.	
			Rectification d'évaluation.	
	Sorties d'ordre.	Réceptions faites par les magasins de Paris, par les autres ports et par les établissemen^{ts} situés hors des ports.	Mouvements de comptable à comptable du même ser-vice.	

de la marine et des colonies.

<table>
<tr><td>

PIÈCES A PRODUIRE PAR LES COMPTABLES

A L'APPUI DE LEURS OPÉRATIONS A CHARGE OU A DÉCHARGE.

Décision du ministre autorisant à porter en entrée les matières et objets provenant de déclassement, les produits de démolition et les excédants constatés lors des réceptions.

Ordre du directeur de l'administration.

Ampliation de la facture ou de l'état des matières et des objets expédiés

Décision du ministre, appuyée du récépissé constatant le versement au Trésor du montant de l'imputation qui a été prescrite.

Décision du ministre autorisant à porter en sortie les matières et les objets perdus, détruits, démolis ou déclassés, ainsi que les déficits constatés lors des réceptions et admis en compte.

Ordre du directeur de l'administration.

Certificat de réception constatant la prise en charge à destination des matières et des objets expédiés.

</td></tr>
</table>

Arrêté pour être annexé au décret du 30 novembre 1857, sur la comptabilité des matières du département de la marine et des colonies.

L'Amiral Ministre Secrétaire d'État de la marine et des colonies,
Signé HAMELIN.

APPROUVÉ :
Signé NAPOLÉON

Par l'Empereur :
L'Amiral Ministre Secrétaire d'État de la marine et des colonies,
Signé HAMELIN.